돈이 되는
취미생활

쉼이 되고 돈이 되는 슬기로운 매듭 생활

마이크로 마크라메

돈이 되는 취미생활 / 쉼이 되고 돈이 되는 슬기로운 매듭 생활

마이크로 마크라메

ⓒ김고은 2023

초판 1쇄 발행 : 2023년 3월 15일

지 은 이 : 김고은
펴 낸 이 : 유혜규
디 자 인 : 김연옥

펴낸곳 : 지와수
주소 : 서울 서초구 잠원동 35-29 대광빌딩 302호
전화 : 02-584-8489 팩스 : 0505-115-8489
전자우편 : nasanaha@naver.com
출판등록 : 2002-383호
지와수 블로그 : http://jiandsoobook.co.kr

ISBN : 978-89-97947-38-6 13630

돈이 되는
취미생활

쉼이 되고 돈이 되는 슬기로운 매듭 생활

마이크로 마크라메

김고은 지음

행복한 덕업일치, 즐거움을 잃지 않는 나만의 속도가 만든다

처음 마주한 마크라메는 나에게 동경의 대상이었다. 처음 본 순간부터 계속 떠오를 정도로 아름다웠던 마크라메 목걸이. 유난히 스스로가 못나고 초라해 보이는 시기를 겪고 있을 때였다. '저런 목걸이를 직접 만들 수 있다면 나도 조금 더 매력적인 사람이 될 수 있지 않을까?' 라는 생각에서 마크라메를 배우고 싶다는 마음이 시작되었다.

마크라메는 상상한 것 이상의 가치들을 내게 안겨주었다. 이 작품을 내 손으로 만들었다는 뿌듯함과 성취감 이외에도, 마크라메를 하는 동안 놀라울 만큼 고요하게 시간이 흘러가는 것을 경험했다. 마크라메로 더 매력적인 사람이 되고 싶었던 초반의 목표와는 달리 마크라메를 하는 과정에서 고요하게 몰입하는 시간이 좋아 마크라메를 계속 하게 되었다.

경영학 중에서도 마케팅을 심화전공 했던 나는 대학 강의 이외에도 매주 마케팅 학회에서 새로운 프로젝트를 기획하고 경쟁하며 치열하고 바쁜 대학 생활을 보냈다. 그 과정이 나에게 즐거웠지만 때론 버겁고 경쟁에 지치는 순간들도 많았다. 매번 아이디어를 고민해야 했기 때문에 머릿속은 생각으로 가득 차 있었다. 그러다 생각이 과해져 나를 괴롭힐 때면 어디서든 매듭을 잡았다. 마크라메는 나에게 한 템포 쉬어가게끔 브레이크를 걸어주는 장치이자 쉼이었다. 나는 마크라메가 정말 좋았다. 하지만 내 주변에는 마크라메라는 단어를 아는 사람이 거의 없었다. '이렇게 배우기 쉽고, 재료와 도구가 저렴해 접근성도 좋고 즐거운 취미가 왜 이렇게 많이 알려지지 않았지?"라는 생각이 계속 들었다. 그렇게 기저에 깔려있던 생각 때문인지 졸업을 한 뒤 나는 6개월만 취업 준비를 미루고 마크라메를 제대로 해보고 싶었다.

운이 좋게도 마크라메를 본격적으로 해보겠다고 마음먹은 지 얼마 되지 않아 온라인 클래스를 시작했고 꽤 많은 수익을 벌었다. 그렇게 자연스럽게 마크라메는 나의 직업이 되었다. 취미가 직업이 된다는 것. 누군가는 한 번쯤 꿈꾸는 일이지만 좋기만 한 것은 아니었다.

처음 클래스를 런칭하고 마크라메가 직업이 되었을 때는 그저 꿈만 같았다. 내가 마크라메를 하며 느꼈던 행복을 많은 사람들과 공유하고 거기에다가 적지 않은 돈까지 벌었다. 하지만 점차 여러 클래스를 내고, 브랜드를 런칭하고 일을 늘려갈수록 마크라메는 취미를 넘어 '일'의 의미로 다가왔다.

하고 싶은 일은 많았지만 내 몸은 하나였다. 주변에 마크라메에 대해 아는 사람도 없어 나를 도와줄 수 있는 사람도 없었다. 클래스를 기획하고 제작하는 과정에서 마크라메를 아는 전문가는 나 하나뿐이었기 때문에 많은 일들을 혼자 해내야만 했다. 찍어야 할 튜토리얼 영상들, 만들어야 하는 작품들, 써야 하는 글들이 쌓이면 쌓일수록 마크라메는 더 이상 힐링의 의미가 아닌 나를 압박하는 수많은 과업으로 다가왔다. 게다가 하나 둘씩 좋은 성과들이 쌓이면서 이전에는 즐겁고 가볍게 올렸던 사진, 영상들도 점점 기준이 높아졌다. 수강생 분들이 나에 대한 기대치가 있을 거란 생각에 작품 하나를 만드는 데도 많은 고민과 생각들이 쌓였다.

이런 부정적인 감정들이 쌓여 꽤나 오랜 시간 슬럼프를 겪었다. 마크라메를 하는 즐거움을 잃었다는 생각에 상실감과 큰 슬픔을 느꼈다. 다시 마크라메의 즐거움을 찾으려 했던 노력조차 무의미했다. 매듭실을 드는 순간 다시금 무언가 만들어야 한다는 압박감이 느껴졌기 때문이다. 나는 여러 압박감을 뒤로한 채 매듭 없이 충분한 휴식기를 가졌다. 주변의 모든 분들이 관용으로 나를 기다려주셨기에 가능한 일이었다. 오랜만에 매듭을 잡았을 때 나는 다시금 처음 느꼈던 평안과 즐거움을 느꼈고 다시 일어설 수 있었다.

취미가 일이 되었을 때 나는 이 일을 직업으로 계속 이어나가기 위해서는 들어오는 모든 제안과 기회를 다 잡아야 할 것만 같았다. 그 불안함과 조급함은 짧은 시간 내에 많은 일들을 하게 했지만 마크라메에 대한 나의 긍정적인 감정들을 충분히 챙기지 못하게끔 했다.

처음부터 일로 시작했던 일과는 달리 취미가 일이 된 경우에는 그에 대한 즐거움과 흥미를 잃었을 때 슬럼프를 겪을 가능성이 큰 것 같다. 취미생활로 시작해 수익창출이라는 두 가지 토끼를 잡기 위해서는 자신이 취미 활동을 하면서 좋아했던 점을 상기하며 그걸 잃지 않는 게 중요하다고 생각한다. 즐거움을 잊지 않게끔 나만의 속도를 조절하며 일을 해내야만 행복한 덕업일치를 이뤄냈다 할 수 있지 않을까.

2023년 3월 김고은

3장　기본 매듭만으로도 작품이 된다

가장 기본이 되는 평매듭을 이용해 만든 팔찌. 평매듭만으로도 예쁜 팔찌를 만들 수 있지만 팔찌 중앙에 펜던트를 배치해 포인트를 주었다.

두 줄 꼬기 매듭은 간단하면서도 예쁜 액세서리를 만드는 데 유용한 매듭법이다. 두 줄 꼬기 매듭을 기초로 엔틱한 느낌의 참 장식으로 포인트를 준 팔찌이다.

작품을 만들다 남은 자투리실을 모아 만든 팔찌. 별다른 패턴의 매듭법이나 색 배열의 원칙 없이 남은 실로 같은 방식의 매듭만 반복하면 만들 수 있다. 각양각색의 자투리실을 사용해도 기대 이상의 멋진 팔찌가 완성된다.

tip 자투리실의 끝과 처음을 팔찌의 뒷면으로 숨겨주기 124

8자 매듭을 기본으로 비즈로 포인트를 둔 반지이다. 비즈를 어떤 걸 사용하느냐에 따라 고급스러운 느낌부터 감각적이고 가벼운 느낌까지 다양한 분위기를 연출할 수 있다.

tip 원하는 사이즈로 매듭 반지 만들기 137

원석을 두 번 감싸주는 더블 래핑이 돋보이는 목걸이이다. 펜던트뿐만 아니라 목걸이 줄까지 매듭으로 만들어 더욱 매력적이며, 실제로 조앤제주에서 가장 사랑받는 작품 중 하나이다.

클래식한 디자인의 포에버 클래식 팔찌

마치 손목시계를 연상시키는 팔찌로 더블 래핑한 원석에
기본 V자 매듭을 배치해 클래식한 분위기를 연출했다.
클래식하면서도 멋스러워 어떠한 룩에도 잘 어울린다.

높은음자리표를 닮은 클레프 팔찌

높은음자리표의 모양을 형상화한 디자인이다. 심플하
면서도 포인트가 확실해 인기가 많고 데일리로 착용하기
에도 좋다.

원석과 비즈의 조화가 돋보이는 아르떼 팔찌

작은 원석과 비즈를 이용해 예술적 감각을 살려 만든 팔
찌이다. 더블 래핑, 8자 매듭, V자 매듭을 적절히 사용해
아기자기하면서도 화려한 느낌을 준다.

1장

취미로 시작한
마크라메,
덕업일치 삶을
선물하다

처음 마이크로 마크라메를 취미로 시작할 때만 해
도 취미가 직업이 될 줄은 미처 몰랐다. 하다 보니 어
느새 마이크로 마크라메의 매력에 푹 빠졌고, 작품을
만들면서 행복해하는 나 자신을 마주하게 되었다. 내
가 만든 작품을 좋아하고, 기꺼이 구매하는 분들 덕분
에 오래 질리지 않고 마이크로 마크라메와 함께 할 수
있을 것 같다.

끈기 없는 나에게 딱 맞는 공예를 만나다

내가 어릴 적 엄마는 매번 손으로 무언가 만드는 걸 배우셨다. 십자수, 뜨개질, 바느질, 종이 공예 등 문화센터에서 새로운 공예를 배우며 집에서 항상 무언가를 만드는 엄마를 보며 자랐다. 그런 엄마 옆에서 나도 하나둘씩 따라하며 자연스럽게 여러 공예를 접했다. 엄마를 닮아서인지 만드는 것에 흥미를 곧잘 느끼던 나는 십자수, 뜨개질, 종이 공예 등 엄마가 하는 공예를 재미있어 하며 따라 배웠다.

하지만 항상 결과물을 만드는 것에 어려움을 겪었다. 시작은 잘 하지만 며칠 동안 계속 작업하다 보면 지겨움과 싫증을 느끼고 결국 결과물을 얻지 못한 채 중간에 그만두는 경우가 대부분이었다. 집에는 만들다 만 십자수, 뜨다 만 목도리가 쌓여만 갔고 크면서 자연스럽게 공예와 멀어져 갔다.

그러다 성인이 되어 해외여행을 하던 중 우연히 지인을 통해 영롱한 빛을 품은 목걸이를 보게 되었다. 당시엔 그 목걸이가 어떤 원석으로 만들어졌는지는 몰랐지만 후에 '마크라메' 목걸이라는 것을 알게 되었다. 목걸이의 아름다움에 놀라고 지인이 직접 '마크라메'라는 공예로 만들었다는 사실에 더 놀랐고, 강한 끌림을 느꼈다.

여행을 마치고 한국에 돌아와 취미생활이 없어 심심해하던 차에 그 목걸이가 떠올랐다. 원래부터 액세서리에 관심이 많고 다양한 액세서리 모으는 것을 좋아해서 마크라메 액세서리를 직접 만들어보면 재미있을 것 같았다.

'마크라메'라는 단어밖엔 아는 게 없었지만 단어 하나만을 가지고 마크라메를 배우기 위해 여러 정보들을 찾기 시작했다. 그 당시엔 마크라메가 너무 생소해서 정보를 찾기 힘들고 배울 곳도 마땅치 않았다.

일단 마음먹었을 때 행동하고 보는 성격이라 무작정 서점으로 향했다. 번역된 일본 마크라메 액세서리 책과 매듭 백과 책 총 두 권으로 독학을 시작했다. 책을 보고 동대문 액세서리 부자재 상가에 찾아가 마크라메 책에 나온 재료인 실을 열심히 찾아 헤맸다. 하지만 가장 중요한 재료인 매듭실 '마크라메 코드'라는 걸 아는 상인은 한 명도 없었고 불에 녹는다는 실(지금 보니 전통 매듭에 사용하는 실)만 잔뜩 사서 집에 돌아왔다. 비즈, 원석 같은 부자재도 잔뜩 구매했지만 모두 매듭실이 끼워지지 않는 구멍이 작은 것들이었다.

처음엔 잘못된 재료를 무더기로 샀지만 그때 구매한 굵은 전통매듭실은 모양을 크게 보며 매듭을 연습하기엔 더할 나위 없이 좋았다. 잘못 사온 재료들로 지금 보면 우스꽝스러운 매듭을 수차례 지었다 풀었다를 반복하고 수많은 시행착오를 겪으며 마크라메를 시작했다.

마크라메 액세서리는 한 작품을 만드는 데 적게는 20분에서 평균 한두 시간 정도가 걸렸다. 끈기가 없는 나도 한 번 집중하면 만들 수 있는 정도의 시간이어서 매번 완성작을 얻어낼 수 있었다. 때로는 애써 만든 결과물이 책과는 전혀 다른 모양의 엉터리일 때도 있었지만 완성했다는 것만으로도 큰 만족감이 들었다.

마크라메를 하는 동안에는 아무런 생각도 하지 못한다는 것도 좋았다. 평소에 쓸데없는 고민과 생각이 많은 타입인데 신기하게도 마크라메를 하면 잡념이 사라졌다. 처음에는 이렇게 생각 없이 흐르는 시간이 좋아 계속해서 매듭을 짓기 시작했다. 그 다음엔 매듭을 하면 할수록 모양이 예뻐지며 발전하는 뿌듯함이 좋았고 그 결과로 탄생하는 작품이 주는 성취감도 소소하지만 큰 행복을 차곡차곡 쌓아주었다. 그렇게 처음으로 결과물을 계속 만드는 취미가 생겼다.

불안할 때마다 찾았던 마크라메, 나만의 힐링코드

마크라메 액세서리를 만드는 일은 즐거웠지만 그렇다고 꾸준히 마크라메를 했던 것은 아니었다. 많이 만드는 시기와 아예 몇 개월은 손도 대지 않는 시기가 번갈아가며 왔다. 처음 동대문 액세서리 부자재 상가에서 재료 구매에 실패한 후 인터넷에서 마크라메 액세서리 제작에 사용하는 실을 찾아 색상별로 10롤 정도 구매했다.

똑같은 디자인이더라도 색상에 따라 느낌이 다르다 보니 하나의 팔찌 매듭법을 익히면 색상별로 10개씩은 기본으로 만들었다. 나중에는 비즈 재료까지 추가되면서 작품을 엄청 많이 만들었다. 하지만 책으로 배울 수 있는 작품들을 충분히 배우고 난 후 따라 만들고 싶은 작품이 없어지자 매듭에 손이 안 가기 시작했다. 몇 개월 동안 매듭실을 손에 잡지 않으면서 마크라메도 이대로 다른 취미들처럼 끝이 나겠구나 싶었다.

하지만 마크라메는 분명히 달랐다. 매듭을 쉰 기간이 아무리 길어도 마음이 불안정하면 또다시 매듭을 찾았다. 스트레스를 많이 받아 심적으로 힘든 시기가 되면 나는 항상 매듭을 다시 시작한 것이다.

매듭은 짓는 방법을 안다고 해서 예쁜 모양을 낼 수 있는 것이 아니다. 매듭짓는 실을 당길 때 힘 조절과 각도 조절을 적당히 잘해야 한다. 단순한 동작을 반복하는 매듭이어도 예쁜 모양을 만들기 위해서는 계속해서 매듭이 잘 지어지는지 확인하는 과정이 필요하다. 아무리 익숙해져도 잠시 딴생각을 하면 매듭이 틀어져 다시 풀어야 하는 일이 발생하기 마련이라 작업을 하는 동안 집중력을 잃어서는 안 된다.

그렇기 때문에 자연스럽게 매듭을 짓는 동안에는 온전히 매듭짓는 행위에만 집중하게 되었고 나를 괴롭히던 스트레스는 잠시 잊혀졌다. 매듭이 스트레스를 받는 현실에서 잠시나마 벗어날 수 있는 돌파구 역할을 했다.

나는 마크라메를 하나의 명상이라고 생각한다. 마크라메를 하다 보면 다른 생각들을 비워내고 매듭에 온전히 집중하는 시간을 갖게 되기 때문이다. 나만 그런 것이 아니다. 클래스를 하다 보면 수강생 분들이 기장

많이 하는 말이 "벌써 시간이 이렇게 됐어요?"다. 그만큼 마크라메는 생각을 비우기에 좋은 공예이니 생각이 많고 비워내는 것에 어려움을 겪는 분들이라면 마크라메가 도움이 될 것이다.

생각을 비우고 마크라메를 하고 나면 얻어지는 뿌듯함과 성취감과 같은 긍정적인 감정들도 내가 마크라메를 계속 할 수 있도록 이끌어 주었다. 마크라메는 많은 종류의 매듭법을 사용하기보다는 몇 가지의 매듭법을 가지고 다양한 형태를 만들어 낼 수 있다. 작품을 만들 때 똑같은 매듭을 계속해서 반복하다 보면 한 작품 안에서도 실력이 늘어있는 게 보였다. 엉성했던 매듭 모양이 매끈해지고 마감이 깔끔해지는 등 작품을 만들면 만들수록 정직하게 실력이 늘어가는 것을 확인할 수 있었다. 점차 완성도가 높아져 가는 작품을 보며 뿌듯함을 느꼈다.

게다가 그저 실과 부자재에 불과했던 재료들이 내 손을 만나 작품이 된다는 사실은 매번 놀라웠고 엄청난 성취감을 느낄 수 있었다. 꼭 완벽하지 않아도 내 손 끝에서 탄생한 작품들이 소소한 성취감을 계속해서 느끼게 해줬다.

만들고 싶은 작품이 딱히 없지만 매듭을 짓고 싶을 때는 손이 가는 대로 매듭을 지었다. 즉흥적으로 모양을 만들어내고 마음에 들지 않으면 풀었다가 다시 매듭 모양을 바꿔서 지어보고를 반복하며 나만의 디자인도 만들기 시작했다. 나만의 디자인을 만들면서부터는 마크라메를 하며 느끼는 성취감이 더해졌다.

만든 작품을 선물하는 것도 또 하나의 즐거움이었다. 모든 공예가 그렇듯 계속 취미생활을 하다 보면 작품이 쌓이기 마련이다. 처음에는 만들어진 작품들을 친한 친구들에게 선물했다. 모두가 선물을 받으면 너무 좋아하며 '매듭 액세서리는 처음인데 예쁘다, 금손이다'라며 칭찬해

주어 뿌듯했다.

　나중에는 누군가에게 선물을 줄지 정하고 그 사람을 떠올리며 작품을 만들었다. 마크라메 액세서리는 색상이나 부자재를 어떻게 조합하느냐에 따라 다양한 개성을 표현할 수 있다. 그래서 남녀노소 누구에게나 어울리는 작품을 만들어서 선물할 수 있었다. 선물을 줄 사람을 떠올리면서 그 사람에게 어울리는 작품을 만드는 일, 그리고 그 작품을 선물하는 일이 또 다른 행복으로 자리 잡았다.

마크라메로 돈을 벌기 시작하다

처음 마크라메를 시작할 때는 단순한 취미였지만 당시 경영학도였던 나는 마크라메를 시작하고 얼마 지나지 않아 팔찌를 판매하고 클래스를 열 궁리를 했다. 계속 나오는 결과물을 보며 언젠가 판매를 하고 독학하면서 습득한 노하우로 클래스를 열면 좋겠다는 막연한 생각을 하곤 했다.

마크라메를 시작하고 몇 개월 뒤 친구와 제주도 한 달 살이를 하게 되었다. 학생이었던 시절이라 하고 싶은 건 많은데 예산이 넉넉하지 않았다. 친구와 나는 가진 것으로 돈을 벌 방법을 고민했다. 그때 머릿속에 마크라메가 떠올랐다. 친구는 금속 책갈피를 만들고, 나는 마크라메 액세서리를 만들어 플리마켓에 나가기로 했다.

찾아보니 플리마켓은 생각보다 많았다. 참가비가 없거나 저렴한 플리마켓들 위주로 신청하고 색깔별로 몇 종류의 작품을 틈틈이 만들었다. 3천 원짜리 실팔찌부터 시작해서 15,000원 짜리 매듭 팔찌까지 부담스럽지 않은 가격대의 작품들로 구성했다. 작품을 한 번에 많이 만드는 일이 힘들기도 했지만 내가 만든 작품을 다른 사람들에게 판매한다는 사실에 신이 났다.

물론 초보자 수준에서 만든 작품을 들고 나간 플리마켓이 그리 성공적이었던 것은 아니었다. 아예 한 푼도 벌지 못한 날도, 10만 원 정도 번 날도 있었다. 그래도 혼자 집에서 작업만 하다가 내가 만든 작품에 반응하는 사람들을 보는 것 자체만으로도 좋은 경험이었다.

그 이후에 서울에 돌아와서도 플리마켓에 나가서 용돈을 벌어야겠다고 생각하며 '마크라메조안나'라는 인스타그램 계정도 만들었다. 곧바로 플리마켓을 나가진 않았지만 작품을 만들 때마다 사진을 찍어 올렸다.

신기하게도 별다른 홍보 없이 작품 사진을 올리기만 했는데 간혹 가다 구매를 원하시는 분들에게서 연락이 왔다.

사람들이 내가 만든 작품에 관심을 보이자 판매에 자신감이 붙었다. 오프라인으로도 제주도에서보다 판매를 잘할 수 있겠다 싶었다. 그때부터 홍대 희망시장이라는 플리마켓에 정기적으로 참여하기 시작했다. 플리마켓을 준비하면서 진열대를 채우기 위해 새로운 디자인의 작품도 많이 만들었고 그때마다 사진을 찍어 인스타그램에도 많이 올렸다.

물론 플리마켓은 여전히 쉽지 않았다. 사람들이 지갑을 열게 하는 것은 정말 어려웠다. 가격대도 다양하게 작품을 계속 구상하고 작품의 가치를 전달할 방법을 열심히 고민했다. 플리마켓에 나가면서 작품 사진이 점점 쌓이고 마크라메를 시작한 지 4년 정도 됐을 때부터는 여러 업체에서 구매나 협업 제안도 많이 왔다. 인스타그램이 마치 포트폴리오를 대신하고 있는 느낌이었다.

한참 '탈잉'이라고 재능을 나누고 돈을 벌 수 있는 플랫폼이 생겨나던 시기에는 마크라메 오프라인 클래스를 열었다. 대학생 때였는데 팀 프로젝트가 많았던 과라서 고정적인 시간에 아르바이트를 하는 것보다는 내가 원하는 시간에 클래스를 열어 돈을 버는 게 더 나을 것 같았다. 독학하면서 매듭을 기억하기 위해 사용했던 기억법을 매듭을 설명하는 데에 그대로 사용했다. 하루 클래스에 그치지 않고 집에서도 할 수 있도록 설명했던 대로 도안도 직접 그려서 재료와 함께 제공했다.

클래스를 시작했을 때가 매듭에 흥미가 한참 떨어져 있을 때였는데 두 시간의 클래스를 진행하는 동안 정말 즐거워하는 수강생들을 보니 다시 매듭이 좋아지고 개인적으로도 작업을 다시 시작하게 되었다. 매듭의 즐거움도 나누고 돈도 벌고 작업에 동기부여도 되고 나에게는 클래스

가 일석 삼조였다.

　나중에 온라인 클래스 플랫폼을 시작하고 수강생들이 늘어나기 시작하면서부터 더 발전해야겠다는 생각이 들었다. 더 실력을 갖추고 판매에 있어서도 잘 기반을 다져야 나를 보고 마크라메를 시작하신 분들에게 기준점을 제시해 줄 수 있을 거라 생각했다.

　처음 판매를 시작할 때 내 작품에 확신도 없었고 그래서 가격도 낮게 매겼었는데, 생각해보니 마크라메 작품들은 수공예품이고 디자인부터 생산까지 모두 내 손을 하나 거치지 않는 과정이 없었다. 게다가 내 가격이 수강생 분들의 기준 가격이 될 거라는 생각에 가치를 매겨 가격을 다시 설정했다. 그리고 내 작품이 줄 수 있는 가치들과 이를 전달할 방법에 대해 고민했다.

2021년도에 내가 살고 있는 제주도를 녹여낸 브랜드 '조앤제주(www.joanjeju.com)'를 런칭했다. 작품을 디자인하고 사진을 찍고 포장하는 모든 것들을 새로 리뉴얼했다. 느릿하고 자연스러운 마크라메 액세서리가 제주도와도 많이 닮아 있었다. 내가 사용하는 색상들도 다 자연과 닮은 색상들이기도 했다. 제주를 녹여낸 브랜드는 조금씩 성장해 이제는 클래스 수익 이외에 작품 수익만으로도 안정적인 생활이 가능한 수준이 되었다.

온라인 클래스 도전과 성공

대학을 졸업할 즈음 취업을 하지 않고 다른 일을 하고 싶었다. 뭘 해야 할까, 무엇을 할 수 있을까 고민하다가 가장 먼저 떠오른 게 매듭이었다. 당시 코로나가 한참 유행하기 시작하던 때라 오프라인 클래스나 플리마켓은 엄두를 낼 수 없어 유튜브로 온라인 강의를 해야겠다고 생각했다.

항상 오프라인 클래스 이후에 도안보다 사람들이 수업 내용을 다시 상기시키며 쉽게 작품을 만들 수 있게 영상이 있었으면 좋겠다는 생각을 했었다. 그래서 유튜브를 일주일에 2개씩 꾸준히 올리기 시작했다. 몇 개월 지나지 않아 구독자가 천 명이 넘어섰다. 물론 그때부터 온라인 클래스 플랫폼 때문에 바빠져 유튜브를 지속적으로 하진 못했지만 그래도 꾸준히 구독자가 늘고 소소한 수익도 올리고 있다.

수익으로 연결하기 유리한 작품들은 따로 있다

실이 주 재료가 되는 마크라메 액세서리는 아직 사람들에게 익숙하지 않은 편이다. 손으로 모든 것을 만들어나가는 수공예임에도 불구하고 그 가치를 많은 사람들에게 전달하기까지는 수많은 노력이 필요하다. 그래서 시작하는 단계라면 비교적 사람들에게 액세서리로 익숙하거나, 매듭적인 기술은 적게

소요되지만 재료 등을 활용해 가치를 높여 판매할 수 있는 작품으로 시작하는 것이 무난하다.

- **매듭 반지** : 비교적 매듭 액세서리로 익숙하고 가격이 저렴해 접근성이 높은 편이다. 많은 시간을 투자하지 않아도 만들 수 있지만 매듭법이나 실 색깔을 달리하는 것만으로도 다른 느낌의 반지를 만들 수 있어 좋다.

- **매듭 발찌 & 팔찌** : 단순한 매듭법에 비즈나 원석같은 부자재를 적절히 섞은 매듭 팔찌나 발찌가 좋다. 똑같은 매듭법이라도 어떤 비즈나 원석을 사용했느냐에 따라 작품의 이미지나 가치가 달라진다.

- **원석 목걸이** : 원석 목걸이는 매듭 목걸이에 원석의 가치가 더해져 소장가치가 높다. 모양도 독특하지만 작은 크기로 만들면 너무 튀거나 부담스럽지도 않고, 만들기도 수월한 편이어서 좋다. 또한 원석의 효과 및 효능으로 소소한 의미를 더할 수 있다. 예를 들어 초록색 원석은 휴식과 힐링을 의미하니 일상에 지친 지인에게 초록색 원석으로 만든 마크라메 작품을 선물하는 식이다.

2020년도에 코로나 유행이 시작하면서 온라인을 기반으로 하는 플랫폼들이 성장했다. 그 해 초에 나의 '마크라메조안나' 인스타그램을 보고 클래스 101 MD가 연락을 했다. 마크라메 액세서리로 온라인 강의를 만들어보자는 제의였다. 당시 나의 유튜브를 보고 작품을 카피해서 판매하는 분들이 간혹 있어 스트레스를 많이 받고 있을 때라 처음에는 망설였다.

게다가 수요조사가 200개 이상이어야 클래스를 신설한다는 기준이 있었는데 내 클래스는 겨우 70개 정도의 '좋아요' 밖에 받지 못했다. 클래스를 만드는 게 맞나 고민했다. 당시 담당 MD는 당신이 생각하기엔 좋은 콘텐츠라 클래스를 꼭 만들어보고 싶다고 하셨고, 요즘엔 누가 먼저 하느냐가 중요한 것이 아니라 누가 먼저 유명해지는가가 더 중요하다며 클래스를 만들어야 하는 동기를 일깨워주셨다.

클래스를 만드는 것은 기획 단계부터 쉽지 않았다. 마크라메를 누군가에게 배운 것도 아니었고 다른 마크라메 액세서리 온라인 클래스가 있던 것도 아니었기 때문이었다. 입문 강의에는 어떤 순서로 어떤 작품들을 가르쳐야 사람들이 무리 없이 배울 수 있을 지부터 막막했다. 그래도 오프라인 클래스를 했던 경험을 기반으로 커리큘럼을 기획하고 영상 촬영과 편집까지 모두 배워서 스스로 했다.

힘들었고 어려웠던 첫 번째 클래스는 고민을 많이 한 만큼 많은 사람들에게 좋은 반응을 얻었다. 마크라메를 본업으로 전향하게 된 결정적인 이유가 되었다. 많은 사람들이 꾸준히 수강신청을 하고 좋은 후기들로 인해 지금까지 안정적인 수익이 이어지고 있다. 현재는 클래스 101에 2개, 아이디어스에 1개의 온라인 강의가 있고 모두 99%의 강의 만족도 성과를 나타내고 있다.

클래스를 성공적으로 오픈할 수 있었던 나만의 비법

요즘에는 어디에서나 쉽게 접근할 수 있는 온/오프라인 클래스가 많다. 클래스 무한경쟁이 한창인 느낌이다. 마크라메만 해도 내가 처음 온라인 클래스를 런칭한 이후 비슷한 클래스가 많이 등장했다. 그만큼 같은 주제의 클래스라 해도 나만의 매력이 없다면 수강생들의 선택을 받기 어려운 시대가 되었다.

나도 클래스를 준비할 때 참 많은 고민을 했다. 고민 끝에 여러 가지 시도를 했고, 다행히 좋은 반응을 얻었다. 호응을 이끌었던 방법 중 몇 가지를 소개하면 다음과 같다.

① 빨리, 쉽게 만들 수 있는 작품 중심

나의 경우 기본 매듭을 빠른 시간 내에 습득이 가능하도록 난이도가 쉬운 단계의 작품으로 클래스를 구성했다. 수강생들의 자신감을 높여주고, 작품을 만들었다는 성취감을 느낄 수 있게 해주었다. 온라인뿐만 아니라 카페나 공간 대여 서비스를 이용해 오프라인 클래스를 열 때도 이 원칙은 여전히 유효하다.

② 반복되지만 소장 가치가 높은 작품

반복되는 쉬운 매듭으로 난이도는 낮지만 작품 가치까지 낮아서는 안 된다. 비즈나 원석 등의 부자재를 적극 활용하여 작품 자체의 외형적 가치를 높여주었다. 직접 만들었다는 성취감과 근사한 완성작에 대한 뿌듯함이 더해져 클래스에 참여한 수강생들 대부분이 크게 만족했다.

③ 기억하기 쉬운 나만의 매듭 기억법

설명을 듣고 직접 해보는 과정에서 몇 가지의 워딩을 이용해 사람들이 기억하기 쉽도록 한다. 직접 매듭을 공부하면서 만들다 보면 자신만의 노하우가 될 것이다. 나의 경우 평매듭법을 기억하기 쉽도록 설명할 때 "숫자 4를 그린다고 생각하세요"라고 표현했다.

④ 설명은 최대한 친절하고 꼼꼼하게

과함은 모자람만 못하다는 말이 있지만 클래스를 진행할 때는 과하다 싶을 정도로 꼼꼼하고 친절하게 설명하는 것이 좋다. 그래야 누구나 이해할 수 있는 쉬운 클래스를 만들 수 있다. 꼭 필요한 매듭 방법만 설명하는 것이 아니라 매듭을 지으면서 헷갈릴 수 있는 부분을 하나하나 체크해 적절한 팁을 주는 것도 방법이다. 평매듭에서 어떤 방향으로 매듭을 지어야 할지 헷갈릴 때 방향을 구분하는 방법 등을 추가로 알려주는 것도 좋은 반응을 얻었다.

⑤ 수강생을 위한 서비스로 클래스의 만족도 높이기

클래스의 기본은 알찬 내용을 전달하는 것이지만 그 외에 보너스처럼 줄 수 있는 것을 고민하는 것도 중요하다. 나의 경우 클래스 시간을 활용해 소소한 작품을 만들어 선물하거나 연습용 실을 제공했다. 수강생들은 선물도 좋아했지만 연습용 실로 한정된 클래스 시간 대비 여러 개를 만들어보고 싶은 욕구를 해소할 수 있어 만족스러워했다. 그리고 온라인 클래스인 클래스 101의 중급 클래스에서는 강의 끝부분에 짧은 클립 영상으로 이번 강의에서 배운 매듭법을 디자인에 어떻게 활용할 수 있는지 응용 팁을 제공하기도 했다.

누구나 만들어 팔 수 있는 시대

처음 작품을 판매하려고 했을 때 생각보다 판매할 수 있는 기회는 많이 열려있었다. 수많은 오프라인 플리마켓부터 시작해서 인스타그램, 스마트스토어, 아이디어스 등 판매를 할 수 있는 정말 많은 플랫폼이 존재했다. 작품만 있으면 요즘엔 정말 누구나 만들어 팔 수 있는 시대가 된 것 같다.

나는 첫 온라인 판매를 인스타그램으로 시작했다. 판매하려고 올렸던 것은 아니지만 작품을 계속 올리다 보니 자연스럽게 구매 문의가 왔다. 처음 구매 문의가 왔을 당시에는 나는 전문가라고 할 수 없는 초보 수준의 실력을 가지고 있었다. 하지만 구매 문의를 하는 분들에게 내가 누구인지는 그렇게 중요하진 않았다. 내가 만든 작품들을 보고 가치를 느끼고 구매 문의를 해 주는 것이었다. 그때 나는 내 작품 사진만을 보고 구매를 결정해 주시는 분들을 위해 조금 더 완성도 높은 작품으로 보답해야겠다고 생각했다. 그리고 사람들이 좋아할 수 있는 디자인들을 많이 해야겠다고 다짐하며 조금씩 더 많은 작품들을 만들어나갔다.

인스타그램은 내 작품을 직관적으로 볼 수 있고 해시태그를 통해 관심사가 비슷한 사람에게도 도달하기 쉬워 판매가 용이했다. 하지만 구매자가 내가 누구인지도 잘 모르는 채로 결제를 해야 하니 불안함을 느낄 요소가 많았다.

나는 처음에 인스타그램으로만 판매를 하다가 신뢰를 주기 위해 여러 플랫폼에서도 판매를 시작했다. 아이디어스에 입점을 하고 네이버 스마트스토어를 만들었다. 아이디어스는 몇 개의 절차만 밟으면 입점이 용이했고 스마트스토어는 별다른 비용이나 기술 없이도 누구나 쉽게 만들 수

처음 플리마켓에 들고 나갔던 작품들

있게 되어있었다.

　판매채널을 늘리고 나니 작품 하나하나에 설명을 자세히 넣고 가격도 올려놓을 수 있어 고객 문의가 많이 줄어 좋았다. 인스타그램에서만 팔 때는 제품의 정보나 가격이 있어도 잘 눈에 띄지 않아 고객들의 질문이 많을 수밖에 없었다. 그런데다 판매 수수료가 있고 판매채널을 여러 개 관리해야 한다는 번거로움이 있었다. 그래서 언젠가는 자체 홈페이지를 만들어서 한 채널로 판매하고 싶다는 생각을 자연스럽게 하게 되었다.

　2021년에는 홈페이지를 쉽게 만들 수 있도록 호스팅을 해주는 업체 가 많이 생겼다. 이전에는 홈페이지를 만들고 관리하기 위해서는 담당 전문가가 꼭 필요했는데 전문적인 지식 없이도 간단하게 자체 홈페이지 를 만들 수 있게 된 것이다. 나는 식스샵이라는 업체를 통해서 '조앤제주'

브랜드의 자체 홈페이지를 만들었다.

자체 홈페이지가 생기다 보니 그 공간에서 브랜드에 대해 좀 더 자세한 설명이 가능해졌다. 또한 블로그 공간에서 마크라메 작품들에 대한 정보를 따로 전달할 수 있게 되면서 작품에 대해 고객들을 더 이해시킬 수 있어 좋다. 홈페이지가 생기고 한 채널에서 작품을 판매해 매출 관리가 쉬워졌고 홈페이지를 통해 고객들이 브랜드와 작품에 대한 이해도가 높아지면서 더 여러 작품을 구매하거나 재구매하는 확률도 높아졌다.

내 마음에 들면 누군가의 마음에도 든다

처음 작품을 디자인할 때 어떤 스타일로 디자인을 해야 하는가에 대한 고민이 많았다. 다른 마크라메 작가들을 보면 다양한 재료를 사용하고 매듭 장식을 화려하게 만드는 경우가 많았다. 영향을 받아서인지 나도 처음에는 매듭장식을 화려하게 넣어서 작품도 여러 개 만들어봤다.

하지만 '내가 이 작품을 하고 다닐 수 있을까?'라는 질문을 스스로에게 던졌을 때 너무 과하다는 생각이 들었다. 내가 생각하는 매듭의 매력은 자연스러움이다. 나는 자연스러움에 가치를 두고 작품이 옷이나 내 분위기랑 따로 놀지 않고 어우러지는 것에 초점을 맞춰 작품을 만들었다. 원석의 크기부터 색상, 디자인 모두 내 눈에 아름다우면서도 언제 착용해도 혼자 튀지 않는 그런 작품을 만들었다.

과하다고 생각하는 것들을 하지 않다 보니 상대적으로 작품이 너무 단조로워 보이는 경향이 있었다. 하지만 마음에 들지 않는 걸 만들 수는 없다는 고집으로 내 눈에 예쁜 정도까지만 장식을 한 디자인을 만들었다. 그러다 보니 자연스럽게 나의 작품 스타일이 생기고 취향이 비슷한 고객들이 모이기 시작했다.

마크라메는 작품 스타일이 무궁무진하다. 고풍스러운 고대 액세서리 같은 느낌을 내는 작품들도 있고, 여러 부자재를 사용해 키치하고 힙한 느낌을 내는 작품들도 있다. 정말 다양한 스타일이 존재하지만 모든 스타일이 저마다의 장점이 있고 많은 사람들에게 사랑을 받는다. 그래서 작품을 만들 때 가장 중요한 것은 내 눈에 예뻐 보이는 작품을 만드는 일이라고 생각한다.

사람들의 취향을 반영하는 것도 좋지만 세상에는 정말 많은 사람들과 다양한 취향이 존재했다. 그리고 그 중엔 나와 같은 취향을 가진 사람들도 많다. 그래서 내 눈에 가장 예뻐 보이는 디자인을 하고 재료를 조합해서 작품을 만들고, 그 취향을 가진 사람들을 찾아서 매력을 어필하는 것이 중요한 것 같다. 모든 사람들의 마음에 드는 작품을 만들 필요가 없기도 하고, 내 취향에 맞는 액세서리를 만드는 일이 내가 가장 잘할 수 있는 일이라고 생각하기도 한다.

작품 판매의 생명, 사진

작품 활동에 있어서 가장 중요한 부수 작업은 바로 사진을 찍는 것이다. 나는 사진을 잘 찍는 것도 중요하지만 작가에게 가장 중요한 것은 사진을 많이 찍는 것이라고 생각한다. 내가 만든 작품들을 최대한 정성스럽게 사진으로 남기는 것, 그것이 첫 번째로 가장 중요하다.

마크라메는 같은 디자인이더라도 실 색상과 원석 조합, 비즈 조합을 어떻게 하는지에 따라서 다양한 느낌의 작품이 탄생한다. 그렇기 때문에 내가 작품 하나를 만들 때마다 사진을 찍어두면 특정 원석과 특정 실 색상을 조합하면 어떤 느낌인지를 나중에 디자인에 참고할 수도 있고 고객에게 눈으로 보여줄 수 있다. 그리고 작품을 사진으로 남겨두는 목적으로 사진을 찍다 보면 어떻게 하면 실물 느낌을 가장 잘 살릴 수 있을지를 고민하게 된다. 계속해서 고민하며 많이 찍다 보면 사진 실력이 점점 늘어갈 것이다.

두 번째로 중요한 것은 찍어둔 사진을 최대한 많이 올리는 것이다. 나는 작품을 만들고 찍어둔 사진이 포트폴리오 같은 역할을 해서 마크라메를 취미를 넘어 직업으로까지 할 수 있게 되었다고 생각한다. 그래서 만든 작품을 사진으로 찍어 업로드 하는 것을 정말 중요하게 생각한다. 사진을 잘 찍는 방법을 아는 것도 중요하지만 그것보다 작품을 만들 때

마다 최대한 정성 들여 사진을 찍어 올리는 것이 중요하다.

꼭 판매하려고 만든 작품이 아니더라도 만든 작품은 사진을 찍고 올려서 기록을 남겨둬야 한다. 나 같은 경우에는 친구에게 선물하려고 만들었던 작품이 나중에 사진을 보고 연락이 오면서 판매 작품이 되는 경우가 꽤 있었다. 꼭 판매가 안 되더라도 그 사진을 보고 내 SNS를 팔로워하게 되는 경우도 많았다. 그리고 지속적인 작품 활동을 통해 나오는 작품사진을 꾸준히 SNS에 신규 게시물로 올리게 되면 알고리즘을 통해 더 많은 사람들이 내 작품 사진을 보게 할 수 있어 신규 구매를 발생시키는 데에 도움이 된다.

물론 사진을 잘 찍는 것도 당연히 중요하다. 나는 처음 인스타그램을 운영하기 시작하면서 정말 다양한 스타일로 사진을 찍어봤다. 흰 배경에 스튜디오 느낌으로 사진을 찍기도 하고, 검은색 천을 배경으로 어두운 느낌으로 사진을 찍어 올리기도 했다.

어떤 스타일의 작품을 만드느냐에 따라, 그리고 내가 전달하고 싶은 브랜드 이미지가 어떠냐에 따라 사진을 찍는 스타일도 달라져야 한다고 생각한다. 그걸 찾는 가장 좋은 방법은 여러 가지를 시도해 보는 것이다. 다양한 색상의 천을 사용해보기도 하고, 스튜디오 조명과 자연광을 바꿔가며 찍어보기도 하고 다양한 오브제를 사용해보기도 하며 내 작품에 어울리는 사진 스타일을 찾아야 한다.

나는 자연스럽고 조화로운 작품 스타일을 추구하기 때문에 주로 작품이 사진의 전체적인 느낌에서 튀기보다는 배경과 어우러지도록 사진을 찍는다. 작품과 잘 어울리는 자연을 배경으로 하거나 베이지 톤의 자연스러운 배경을 사용해서 작품이 전체적인 사진 느낌과 어우러지도록 하는 데에 초점을 맞춘다.

사진의 스타일을 찾았으면 작품을 가장 잘 담아내려고 노력해야 한다. 작품을 만들면서 가장 작품을 많이 보고 잘 아는 사람은 바로 자신이다. 나는 작품을 찍을 때 항상 작품이 가장 예뻐 보이는 각도, 느낌을 살리려고 노력한다. 그러기 위해서는 빛이 가장 중요한 요소이다. 내가 만든 작품이 한낮의 햇빛에 어울리는지, 노을빛에 어울리는지, 실내광에 어울리는지를 고민하며 작품에 맞게 사진을 찍어야 한다.

내 작품을 선물처럼 포장하기

제주도에서 처음 플리마켓에 나갔을 때에는 작품이 팔리면 비닐 포장지에 넣어 포장했다. 초반에는 작품을 준비하는 것에만 온갖 신경이 가 있어서 작품 포장에 큰 신경을 쓰지 않았다. 그런데 어느 날 나에게 온라인으로 작품을 구매하신 분이 '나를 위한 선물'을 사서 너무 행복하다며 개인 SNS에 후기를 올리셨다.

그 후기를 보고 내 작품이 구매자들에게 가지는 의미에 대해 깊게 생각하게 되었다. 핸드메이드 작품의 특성상 가격대가 조금 있다 보니 구매하는 분들 중 대부분이 오랫동안 고민을 하다가 구매하는 경우가 많았다. 본인을 위해 혹은 친구나 연인을 위해 큰마음 먹고 선물로 구매해주시는 분들이 꽤 많다. 그걸 보고 내 작품을 구매하는 사람들에게 선물 받는 느낌을 줘야겠다고 생각했다.

가장 먼저 패키지를 고급스러운 느낌이 나는 액세서리 상자로 바꿨다. 기존에는 비닐이나 천 파우치에 포장해서 보내곤 했었는데 조금 더 정성스러운 느낌도 나고 작품의 형태도 배송 중에 변하지 않는 상자가 더 좋

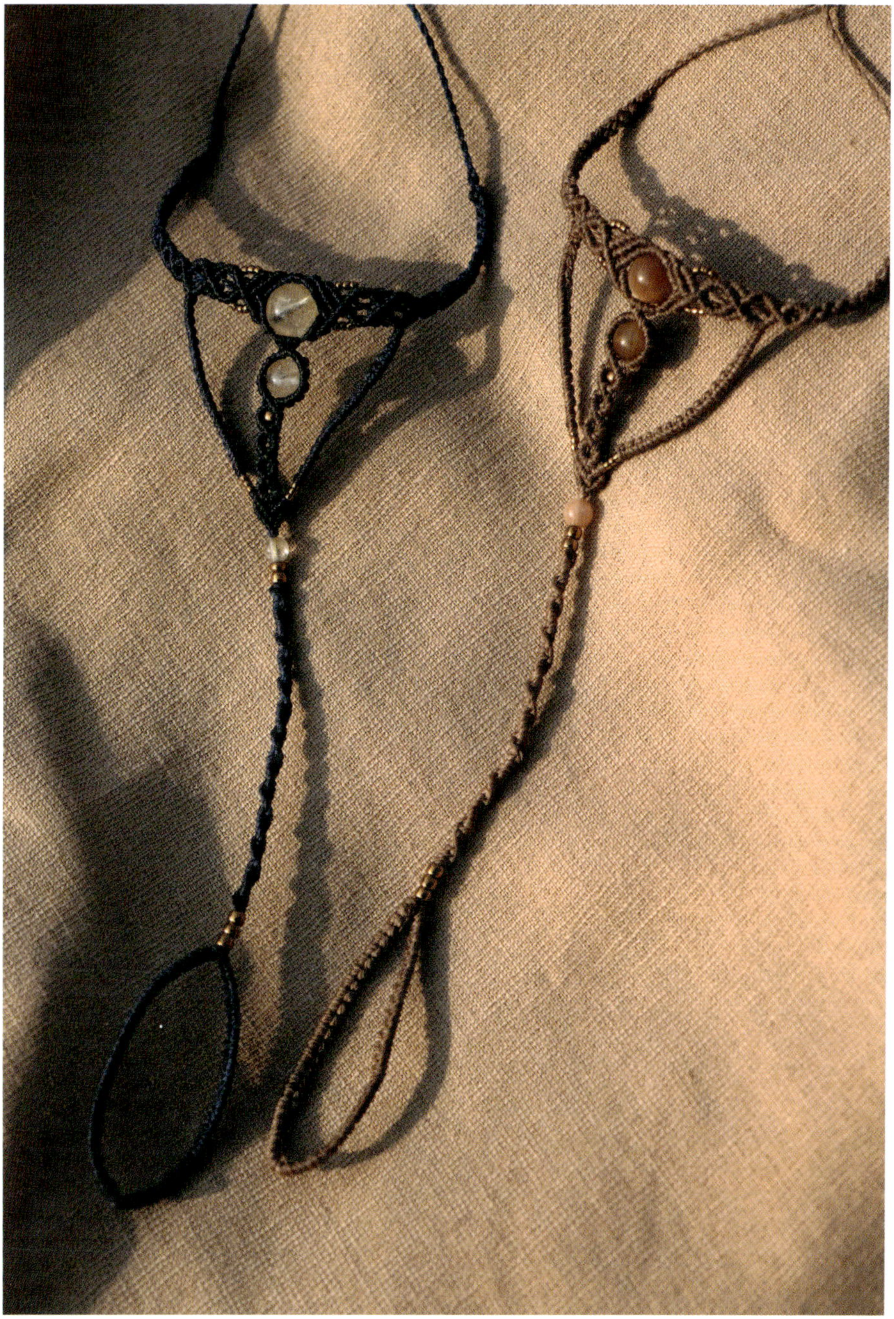

을 것 같았다. 그리고 이 작품을 만들며 어떤 기분이었는지, 어떤 마음이 담겼는지를 작은 편지에 적어서 같이 보내기 시작했다. 오랜 시간에 걸쳐 만들어지는 핸드메이드 작품이니 만큼 작가의 이야기가 조금이라도 담겨 전달된다면 더 좋을 것 같다고 생각했다.

최근에는 향이 좋은 팔로산토나 직접 기른 로즈마리를 같이 넣어 보내주고 있다. 고객들이 택배 봉투를 뜯었을 때 팔로산토나 로즈마리 향이 나서 택배 봉투를 뜯는 순간부터 로즈마리 향에 기분 좋고, 세세한 것에까지 작가의 정성이 더해졌다는 것을 느꼈으면 하는 마음에서이다.

핸드메이드 작품은 빠르게 생산되고 소비되는 것이 아니라 천천히 만들어지고 그 안에 정성과 시간이 담겨 있다. 그런 정성과 시간을 고객이 작품을 처음 만나는 순간, 패키지에서부터 느껴져야 한다고 생각한다.

처음에는 포장이 그저 기능적인 것에 불과하다고 생각했는데 이렇게 정성을 기울여 포장을 하고 나니 내가 작품 하나하나를 대하는 자세도 달라졌다. 그만큼 고객도 똑같이 내 작품을 더 소중하게 대해줄 것 같았다.

실제로 포장을 바꾸고 나서부터는 거의 대부분의 고객들이 잘 받았다며 후기 연락과 장문의 메시지를 보내온다. 작고 소소한 것 중 하나일 것 같았던 포장이 고객들의 만족도도 높이고 소통의 기회도 더 늘려주는 요소가 된 것이다.

2장

마이크로 마크라메
이해하기

마이크로 마크라메의 매력 중 하나가 언제, 어디서
나 손쉽게 즐길 수 있다는 것이다. 준비물도 비교적 간
단하고, 조금만 시간과 노력을 투자하면 반지, 팔찌, 목
걸이와 같은 예쁜 액세서리를 만들 수 있다. 마이크로
마크라메의 기본 재료인 실의 성질과 종류를 잘 이해
하고, 비즈, 원석 등과 같은 부자재를 잘 활용하는 것
도 중요하다. 그것만으로도 마이크로 마크라메의 세계
가 훨씬 다채롭고 풍요로워진다.

마이크로 마크라메와 마크라메는 다르다

흔히 '마크라메'라고 하면 월행잉 등의 인테리어 용품이나 가방과 같은 큼직한 소품을 떠올리는 분들이 많을 것이다. 마이크로 마크라메 역시 크게 보면 마크라메의 범주에 속한다. 하지만 마이크로 마크라메는 마크라메와 비슷하면서도 묘하게 다르다.

우선 사용하는 실의 굵기가 다르다. 일반적으로 '마크라메'에 사용하는 실의 굵기가 3mm 이상이라면 마이크로 마크라메는 굵기가 1mm가량 혹은 그보다 얇은 실을 사용한다. 이렇게 얇은 굵기의 실로 매듭을 지어 액세서리와 같은 작은 크기의 작품을 만드는 것을 '마이크로 마크라메'라고 부른다.

실의 특성도 조금 다르다. 월행잉이나 가방을 만드는 마크라메 실은 주로 면으로 된 로프끈을 사용한다. 일반적으로 4mm 정도의 두께를 가장 많이 사용하고 촉감이 부드럽다. 작품을 다 만들고 마무리할 때 매듭 후 남은 실 끝을 자연스럽게 남기고 가위로만 자르는 게 일반적이다.

마이크로 마크라메 실은 주로 폴리에스테르, 나일론 등으로 만들어졌다. 표면에 왁스 처리가 되어 있어 생각보다 촉감이 단단하다. 워낙 가늘어 자르기만 하면 끝이 풀릴 수도 있고, 깔끔하지 않다. 그래서 끝을 자른 다음 불로 녹여 작품을 마감한다. 마이크로 마크라메 실은 왁스 처리가 되어 있어, 불에 녹기 때문에 불로 잘 녹이면 깔끔하게 마무리할 수 있다.

사용하는 실의 특성이 달라 주로 사용하는 매듭법이 비슷하더라도 실을 다룰 때 힘을 주는 방법 등에도 차이가 난다. 마이크로 마크라메는 얇은 실을 이용하기 때문에 더욱 더 세심하게 힘 조절을 해야 한다.

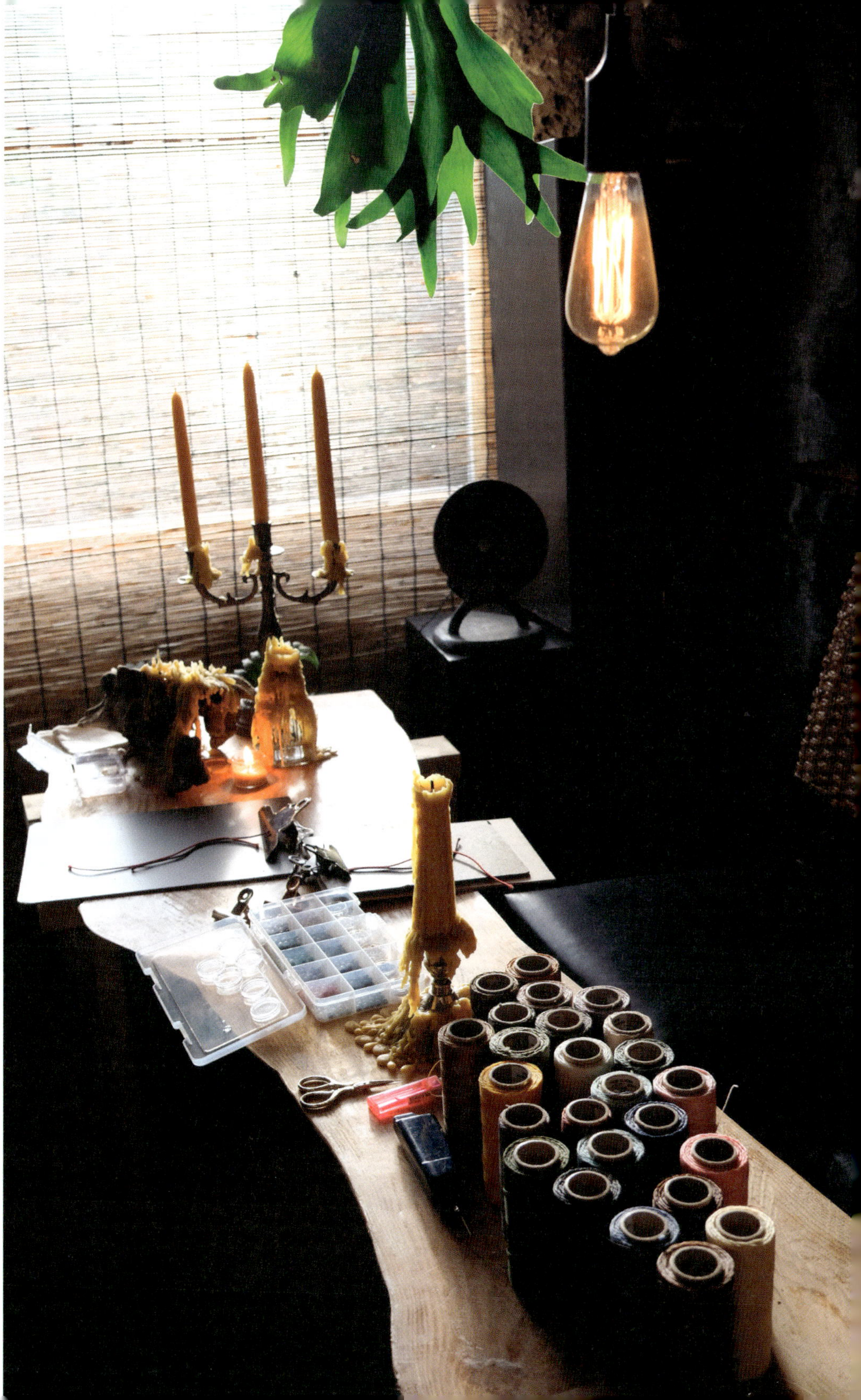

크게 보면 같은 마크라메이지만 이처럼 마크라메와 마이크로 마크라메는 여러 가지 차이가 있다. 이런 차이가 작품을 만들 때 서로 다른 성취감과 매력을 만들어내기도 한다.

마이크로 마크라메, 작은 세상이 더 아름답다

마크라메와 마이크로 마크라메는 저마다의 개성이 다르기 때문에 무엇이 더 좋고 나쁜지를 비교할 수 있는 대상은 아니다. 저마다의 취향에 따라 마크라메가 더 좋은 분들도 있고, 나처럼 마이크로 마크라메에 빠진 사람도 있을 뿐이다.

나의 경우를 돌아보면 마이크로 마크라메는 작아서 더 끌렸다. 준비물도 단출하고, 만들어놓은 작품도 작고 예뻐서 더 마음에 들었다. 워낙 아기자기한 액세서리를 좋아했기에 마이크로 마크라메의 매력에 운명처럼 빠져들었던 것 같다.

언제, 어디서나 즐길 수 있어 좋다

다양한 취미생활을 접해보았던 나로서는 마이크로 마크라메의 경우 준비물이 간소하고 부피가 작아 휴대하기 쉽다는 점이 무척 매력적이었다.

별다른 기계나 큰 공구 없이도 가위와 라이터, 클립보드와 실만 있으면 어디에서든 작품을 만들 수 있어 좋았다.

마이크로 마크라메를 취미로 할 때 A4용지보다 작은 크기의 휴대용 파우치에 작은 클립보드와 준비물들을 넣고 다니며 버스, 지하철 등의 이동수단이나 대기시간 등을 활용해서 작품을 만들었다. 바쁜 일상 속에서도 버스에서, 카페에서, 병원 진료를 기다리며 잠깐 남는 시간을 활용해 취미 생활을 할 수 있고, 작품도 만들어 낼 수 있는 생산적인 취미라는 점이 마이크로 마크라메의 큰 매력으로 다가왔다.

작품들이 쌓여도 걱정 없다

무언가 만드는 것을 취미로 하다 보면 어쩔 수 없이 결과물들이 쌓이기 마련이다. 열심히 하면 할수록 작품들의 개수가 늘어나는데, 작품의 부피가 크면 보관할 데가 마땅치 않을 수 있다. 자칫 정성껏 만든 소중한 작품이 둘 데가 없어 애물단지처럼 느껴진다면 그 또한 슬프고 마음 아픈 일이 아닐 수 없다.

하지만 마이크로 마크라메는 완성된 작품의 크기가 작아 작품들이 차지하는 공간에 대한 부담도 적다. 마음껏, 만들고 싶은 대로 만들어도 큰 상자 하나 정도면 충분히 감당할 수 있다.

남녀노소 누구에게나 선물하기 좋다

정성스레 만든 작품을 잘 어울리고 좋아할 사람에게 선물까지 할 수 있다면 얼마나 좋을까? 마크라메 액세서리는 색상과 부자재의 조합에 따

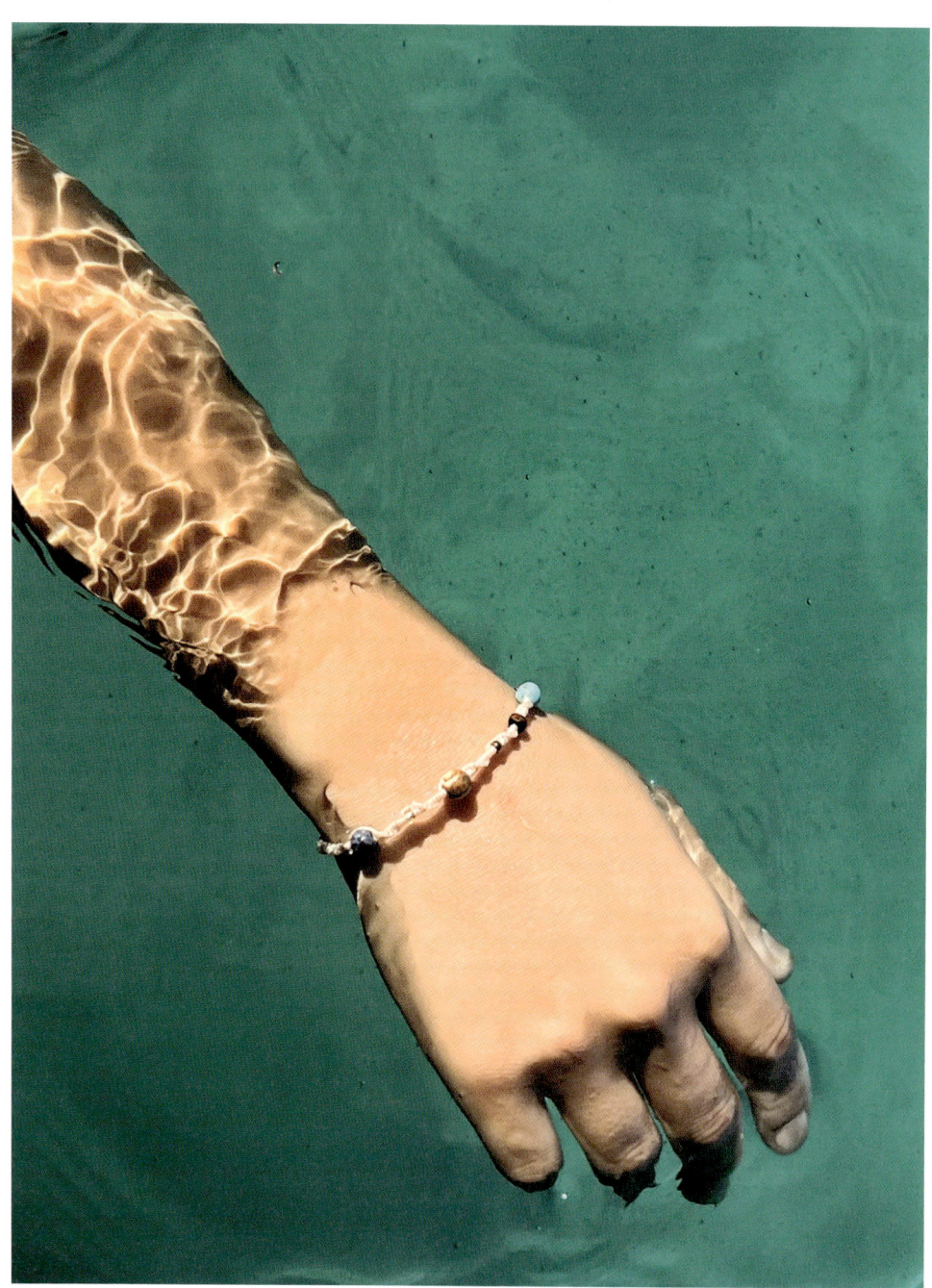

라 다양한 스타일의 작품 연출이 가능해 남녀노소 누구에게나 선물하기 좋다. 취미생활을 통해 작품도 만들고 소중한 분들에게 선물함으로써 기쁨을 배로 느낄 수 있으니 이 또한 마이크로 마크라메의 빼놓을 수 없는 매력이 아닐 수 없다.

　더군다나 마이크로 마크라메로 만든 액세서리는 왁스 코팅이 되어 있어 물이나 공기 접촉에 대한 내구성이 높다. 물에 젖어도 변색이 되거나 냄새가 나거나 잘 상하지 않는다. 따라서 액세서리가 변색될 걱정 없이 샤워할 때에나 바다에서 수영할 때에도 착용할 수 있다. 시간이 지나면 끈적한 왁스 성분이 씻겨 나가면서 실의 질감이 부드러워지고 자연스러운 색으로 색감이 변화한다. 시간이 지나면 녹슬고 아름다움을 잃어버리는 대부분의 금속 액세서리와 달리 마크라메 액세서리는 시간이 갈수록 부드러움과 자연스러움이 더해진다. 이렇게 실용성이 높고, 멋스러워 마크라메 액세서리를 선물했을 때 받은 분들 모두 만족도가 높았다.

마이크로 마크라메를 즐기기 위한 기본 도구

마이크로 마크라메를 시작하려면 몇 가지 도구들을 준비해야 한다. 도구들이라고 해도 대부분 주변에서 쉽게 구할 수 있는 것들이다. 원석의 구멍을 넓히는 데 사용하는 '비드러머'라는 도구만 좀 낯설텐데, 이 또한 인터넷에서 쉽게 구입할 수 있고, 가격도 저렴한 편이다.

① 고정판
실로 매듭을 지을 때 손의 힘에 실이 끌려오지 않도록 실을 잡아주는 역

할을 한다. 단단한 합판이나 클립보드, 두꺼운 종이 등을 고정판으로 사용할 수 있다. 클립보드에는 대부분 집게가 붙어 있어 별도로 집게를 준비하지 않아도 된다. 다만 클립보드에 붙어있는 집게는 가운데 부분이 들떠 있는 모양도 있으니 집게 모양을 잘 살펴보고 구입하는 것이 좋다.

② 집게

고정판에 실이 고정될 수 있도록 집어주는 역할을 한다. 집게는 집는 부위가 평평하고 넓은 것이 실을 더 잘 잡아준다.

③ 가위

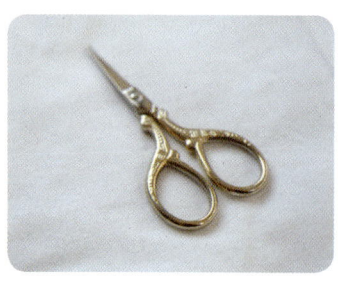

실을 재단할 때나 매듭이 끝난 후 남은 실을 잘라줄 때 사용한다. 가위는 날이 작은 공예 가위를 사용하면 더 섬세한 작업이 가능하지만, 문구용 가위를 사용해도 무방하다.

④ 라이터

매듭이 끝난 후 잘라낸 실 끝을 녹여주는 용도로 사용한다. 지금 사용하는 라이터는 대부분 가스라이터인데, 크게 엄지로 동그랗게 생긴 부분

을 굴리면서 버튼을 꾹 누르는 방식
과 그냥 버튼만 누르면 불이 켜지는
방식으로 구분된다. 라이터를 써 본
사람은 엄지로 굴리면서 켜는 방식도
어렵지 않은데, 라이터 사용이 서툰

초보자는 후자의 버튼만 누르면 되는 클릭형 라이터를 사용하는 것이
좋다.

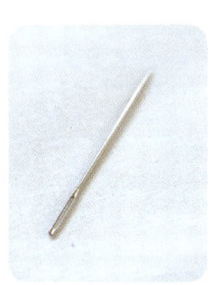

⑤ 자수용 바늘

실로만 매듭을 지을 때는 자수용 바늘이 필요 없
지만 캐보션 원석을 사용해 마크라메 액세서리를
제작하려면 자수용 바늘이 필요하다. 이 도구는
래핑 매듭으로 감싸준 캐보션에 실을 추가하는
용도로 주로 사용한다. 바늘을 고를 때에는 사용하는 매듭실이 바늘귀
를 통과할 수 있는지 바늘귀의 크기를 확인해야 한다.

⑥ 비드리머

구슬 원석의 구멍을 넓혀주는 용도로
사용하는 원석용 드릴이다. 시중의
구슬 원석은 비즈공예의 우레탄 줄

등을 기준으로 구멍이 뚫려 있어 매
듭실이 통과하기에 구멍의 크기가 충
분하지 않은 경우가 많다. 그럴 때에는 비드리머를 사용해 원석의 구멍
크기를 늘여줄 수 있다.

마이크로 마크라메의 주재료, 실만 제대로 알아도 반은 성공!

마크라메 액세서리를 제작할 때에는 보통 왁스가 칠해져 있어 불에 녹는 재질을 주로 사용한다. 물론 왁스가 칠해져 있지 않은 실로도 만들 수 있지만 왁스가 칠해진 실을 사용하면 별도의 접착제 없이도 실 끝을 불로 녹여 글루건처럼 녹은 실을 접착제처럼 사용할 수 있어 편하다. 마무리만 편한 것이 아니라 왁스가 코팅된 실은 물에 닿아도 냄새가 나거나 변색이 쉽게 일어나지 않아 실 자체의 내구성이 높다.

마크라메 실은 재질 별로 구분하면 크게 폴리사, 나일론사, 햄프사 세 종류이다. 재질별로 다양한 회사가 다양한 브랜드를 출시하고 있는데, 이 책에서는 직접 사용해 본 실들 중심으로 소개하겠다.

① 폴리사(린하시타사)

왁스로 코팅한 폴리에스테르 재질의 실이다. 0.5mm, 0.7mm, 1mm가 있으며 0.7mm가 가장 많이 사용된다. 선명하고 다양한 색상이 있으며 묻어 있는 왁스의 양이 많아 촉감이 끈적하고 초보자가 매듭지을 때 힘을 덜 주어도 되어 사용이 쉽다. 실이 비교적 단단하고 뻣뻣해서 작품을 만들었을 때에도 단단하고 힘이 있다.

② 나일론사(비드스미스사)

왁스로 코팅한 나일론 재질의 실이다. 다양한 사이즈가 있으며 국내에서
는 S-ILON 0.5mm 굵기의 실을 주로 사용한다. 작업할 때 왁스가 묻어
나지 않고 부드러운 촉감이 특징이다. 작업할 때 실이 미끄러울 수 있다
는 단점이 있다.

③ 햄프사(햄프스토리)

코팅되지 않은 햄프(마) 재질의 실이다. 1mm 굵기의 실이며 왁스가 따로
칠해져있지 않아 마감할 때 별도의 접착제가 필요하다.

만들려는 작품에 가장 어울리는 실 고르기

다양한 종류의 실 중에 내가 만들려는 작품에 가장 적합한 실을 찾기 위해서는 종류에 따른 특성과 두께를 고려하는 것이 중요하다. 실의 종류에 따라 작업할 때의 느낌만 다른 것이 아니라 같은 디자인의 작품을 만들어도 결과물의 분위기가 조금씩 다르기 때문이다. 예를 들면 나일론사는 매듭이 이루는 라인이 더 매끄럽게 연출되고 햄프사는 거칠지만 자연스러운 매력이 있다.

실의 두께가 얇을수록 비즈나 구슬 원석 내경의 크기에 제약을 받지 않기 때문에 사용할 수 있는 부자재의 폭이 넓어진다. 또한 더 작은 캐보션 원석을 사용해 작은 크기의 목걸이 펜던트나 원석 반지를 만드는 것도 가능하다. 하지만 실이 얇을수록 완성도가 높은 작품을 만드는 데 더 섬세한 작업이 요구되므로 작업의 난이도가 높아진다.

주연 못지않게 빛나는 조연, 부자재

드라마나 영화를 보면 주연은 아니지만 주연 못지않은 존재감을 과시하면서 드라마나 영화의 몰입도와 완성도를 높여주는 조연들이 있다. 마이크로 마크라메에도 그런 조연들이 있다. 마크라메 액세서리를 만들 때 많이 사용하는 비즈나 장식, 원석들이 바로 빛나는 조연들이다.

실로 예쁘게 매듭만 잘 지어도 훌륭한 액세서리가 되지만 부자재를 더했을 때의 매력은 또 다르다. 어떤 부자재를 사용하느냐에 따라 똑같은 매듭법과 모양이라도 느낌도 많이 달라진다. 따라서 적절한 부자재를 효과적으로 사용하는 것 또한 매듭법을 익히는 것 못지않게 중요하다.

① 비즈

매듭 액세서리에 화려함과 다채로움을 더해주는 재료이다. 비즈는 매듭
실이 충분히 통과할 수 있도록 내경이 넓은 것을 사용해야 한다.

금속 비즈   유리 비즈   나무 비즈

- **금속 비즈** : 금속 비즈는 무니켈, 은, 서지컬, 골드필드 등 다양한 소재
  가 있다. 시간이 지나도 변함이 거의 없는 매듭 액세서리의 특성상 변
  색이 쉬운 소재보다는 내구성이 높은 소재를 선택하는 것이 좋다.
- **유리 비즈** : 유리 비즈는 녹슬지 않는 소재로 매듭 액세서리에 사용하
  기 좋은 재료이다. 다만 브랜드나 색상에 따라 벗겨짐이 있는 비즈가
  있으니 주의하여 선택하는 것이 좋다. 금속 비즈에 비해 색상이 다양
  하고 금속 색상을 띠는 것도 있어 금속 비즈를 대체해서 사용하기도
  편하다.
- **나무 비즈** : 나무 비즈는 물에 닿으면 변색이 쉽게 된다는 단점이 있지
  만 매듭과의 조화로움이 아름다운 비즈이다. 나무 비즈를 고를 때에
  는 코팅이 잘 되어 있는 것을 선택해야 오랫동안 변색 없는 작품을 완
  성할 수 있다.

② 팔찌용 펜던트

양쪽에 고리가 달려있어 팔찌를 제작할 때에 사용하기 유용한 펜던트이다. 모양과 크기가 상당히 다양해 어떤 펜던트를 사용하느냐에 따라 팔찌의 분위기에 변화를 줄 수 있다.

③ 참 장식

매듭 액세서리에 매달아 장식하는 재료이다. 참 장식은 팔찌, 키링, 목걸이 등 다양한 액세서리에 활용할 수 있다. 모양도 크기도 다양하니 액세서리 종류에 따라 어울리는 참 장식을 선택해서 사용하면 된다.

④ 구슬 원석

공처럼 둥근 모양으로 세공한 원석으로 일반적으로 구멍이 뚫려 있어 매듭실을 구멍에 통과해 비즈처럼 사용한다.

⑤ 캐보션 원석

한쪽은 평평하고 한쪽은 입체적인 형태로 세공된 원석으로 타원형, 사각형, 물방울 모양 등 다양한 모양이 있다. 구멍이 뚫려 있지 않고 접착제 없이 래핑 매듭으로 감싸 매듭짓는 것이 일반적이다.

마크라메 액세서리는 매듭 그 자체일 때에도 아름답지만 다양한 원석을 만나면 아름다움과 매력이 꽃을 피운다. 마크라메 액세서리는 접착

제를 사용하지 않고 매듭만으로 원석을 끼우거나 감싸서 작품을 만들어
낼 수 있다. 원석은 저마다 분위기가 달라 같은 디자인이어도 다양한 스
타일 연출이 가능하고 원석이 가진 의미와 효능도 달라 액세서리에 의미
와 이야기를 더해준다. 그만큼 원석을 사용한 액세서리는 단순히 아름
다운 것에 그치지 않고 이야기가 담겨 가치가 더 높아진다.

원석, 어디서 구할 수 있을까?

마크라메 액세서리에 사용하는 원석을 구매하는 방법은 여러 가지가 있다. 해외에서 직구를 할 수도 있고, 국내에서도 원석을 판매하는 곳들이 있고, 인터넷으로도 구매 가능하다. 어느 곳에서 구매해도 좋지만 판매처에 따라 조심해야 할 부분도 있다.

(1) 해외구매

Etsy, Ebay 등의 사이트를 통해서 해외에서 원석을 구입하는 방법이 있다. "Gemstone cabochon"을 검색하면 다양한 종류와 크기의 캐보션 원석들을 쉽게 만나볼 수 있다. 해외 구매 시 국내 시장에서는 찾기 힘든 다양한 원석을 구매하기 쉽고 가격이 비교적 저렴하다는 장점이 있다. 하지만 환불이 불가능에 가깝고 원석 실물이 사진과 많이 달라 실패할 확률이 높다. 또한 일정 금액 이상 구매 시 관세가 붙어 최종 가격을 매길 때 관세까지 고려하는 것이 좋다.

(2) 국내 구매

- 종로 귀금속 상가 : 종로의 귀금속 거리에 가면 원석을 세공해서 판매하는 가게들을 어렵지 않게 만나볼 수 있다. 퀄리티가 높은 원석들을 국내의 전문 세공사들이 필요에 따라 원하는 크기와 형태로 세공해준다. 국내에서 세공이 들어가기 때문에 가격이 높은 편에 속하지만 경우에 따라 원석에 대한 감정서를 받을 수도 있고 주얼리 분야의 전문가 분들에게 구매하기 때문에 원석의 퀄리티에 대한 신뢰도가 높다.

- 남대문 상가 : 남대문 상가에도 원석을 판매하는 가게들이 있다. 가게의 수가 많지는 않지만 다양한 원석을 국내에서 비교적 저렴한 가격으로 만나볼 수 있다는 장점이 있다.

- 동대문 액세서리 부자재 상가 : 이 곳에서도 캐보션과 구슬 원석을 만나볼 수 있다. 하지만 천연 원석이 아닌 합성 원석인 경우도 더러 있어 구매 시 주의해야 한다.

- 인터넷 구매 : 최근에는 국내에서도 인터넷을 통해 구슬 원석뿐 아니라 캐보션 원석도 쉽게 구매할 수 있다. 보석 감정가가 판매하는 경우도 있어 신뢰도 높은 구매처 확보도 꽤 수월해졌다. 하지만 여전히 특정 원석들은 수량이 없어 구매 자체가 어렵거나 가격이 터무니없이 비싼 경우가 많다. 육안으로 직접 크랙이나 광학 등 원석의 상태를 확인해서 고를 수 없고, 배송 중 파손 위험이 있다는 단점이 있다.

3장

기본 매듭만으로도
작품이 된다

마이크로 마크라메에서 가장 많이 사용하는 매듭
법은 평매듭법, 두 줄 꼬기, 이어엮기법, 래핑 매듭법
네 가지이다. 이 네 가지 매듭법만 잘 익혀도 얼마든지
작품을 만들 수 있다. 매듭짓는 방법 뿐 아니라 어떻게
매듭을 예쁘고 쉽게 모양을 내는지, 마감을 어떻게 하
는지 등 기초적이지만 작품을 만드는 데 꼭 알아두어
야 할 중요한 내용도 함께 소개한다.

평매듭법을 활용한 펜던트 팔찌

평매듭법은 주변에서 가장 쉽게 접할 수 있는 매듭으로 팔찌, 발찌 등의 디자인 요소로 많이 활용한다. 또한 길이를 늘였다 줄였다 조절해야 하는 경우에도 많이 쓰이는 매듭이다. 초보자도 쉽게 배울 수 있고 매듭법을 알면 별다른 요령 없이도 매듭의 모양을 예쁘게 낼 수 있다.

평매듭만으로도 팔찌를 만들 수 있지만 팔찌 중앙에 원석이나 펜던트를 배치하면 팔찌의 느낌이 색다르고 예뻐 좋다. 어떤 부자재를 매칭하느냐에 따라 다양한 느낌을 낼 수 있어 좋은 매듭법인데, 여기서는 펜던트를 이용해 팔찌를 만들어 보자.

평매듭법 기본

본격적으로 팔찌를 만들어보기 전에 기초적인 평매듭법부터 알아보자. 평매듭은 엮는 줄 두 가닥으로 중심 줄 두 가닥을 감싸 매듭지으며 모양을 내는 매듭법이다. 사실 평매듭법 자체는 한두 번 따라하면 금방 익힐 수 있다.

하지만 예쁜 모양을 내려면 매듭 모양이 균일해야 하는데, 그러려면 매듭을 지을 때 힘 조절을 잘해야 한다. 힘 조절이 균일하지 않으면 매듭 모양이 들쑥날쑥해 예쁘지 않다. 완성된 매듭 모양을 참조해 균일한 모양이 나오게 만드는 게 중요하다.

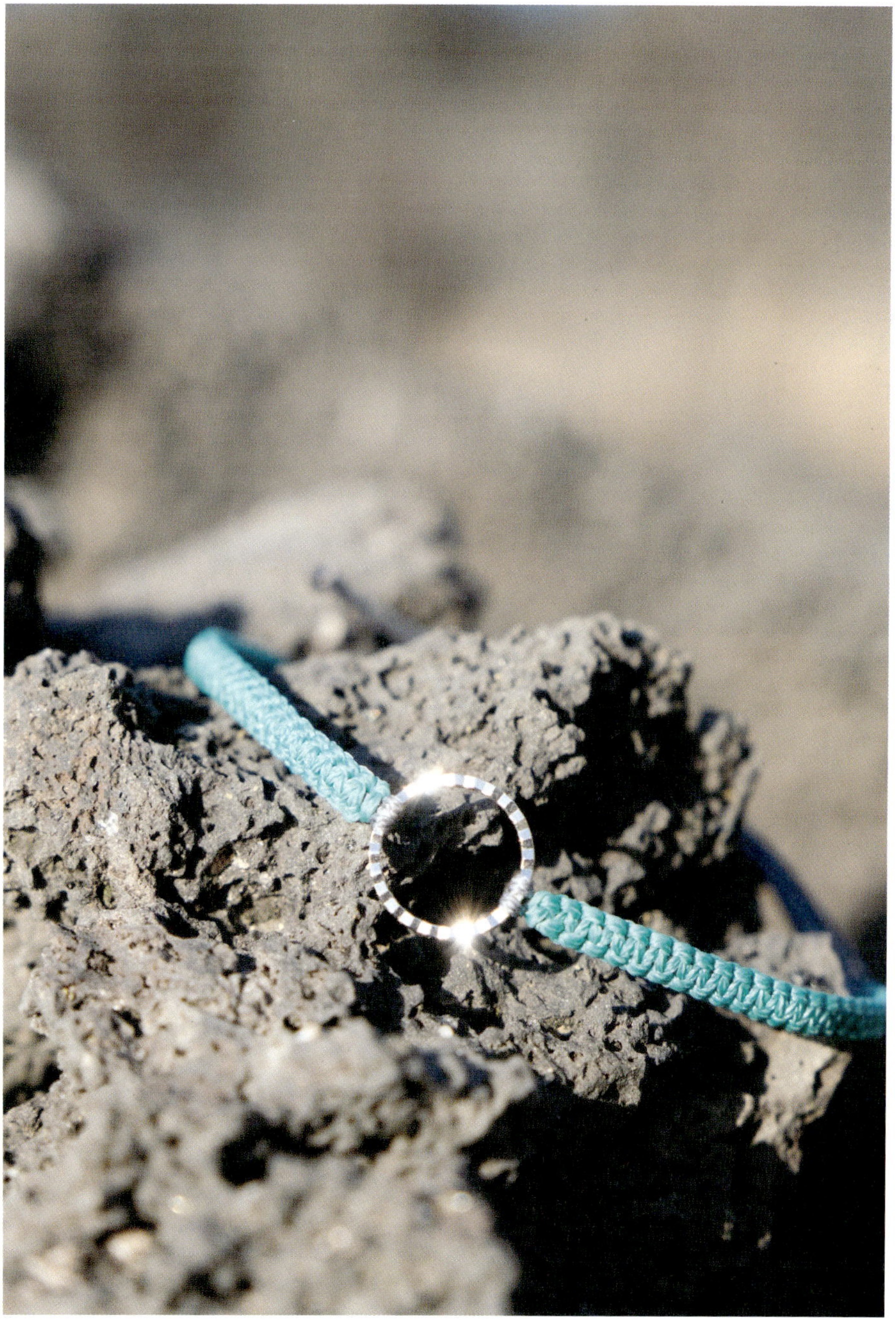

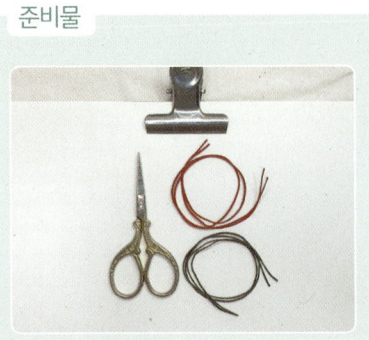

- 고정판, 집게, 가위
- 색깔이 다른 두꺼운 매듭실 두 가닥 씩 총 네 가닥(각각 20cm 이상)

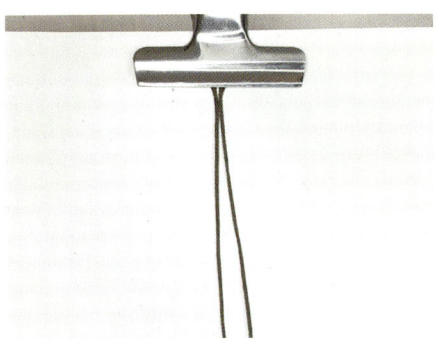

1. 한 색상의 매듭실 두 가닥을 고정판에 고정해준다.

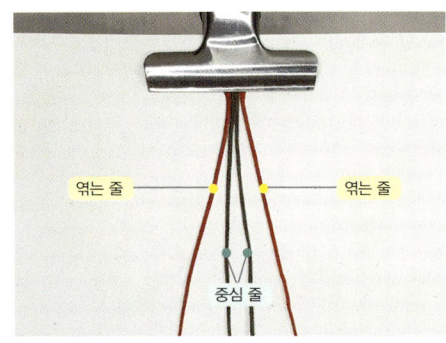

엮는 줄

엮는 줄

중심 줄

2. 다른 색상의 매듭실 두 가닥을 양쪽 끝에 추가로 고정시킨다. 가운데 위치한 실 두 가닥을 중심 줄, 양쪽 끝에 위치한 실 두 가닥을 엮는 줄이라고 부른다.

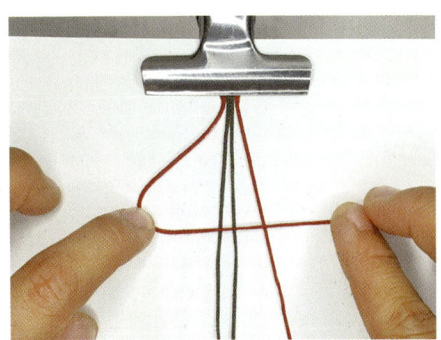

3. 엮는 줄 두 가닥으로 숫자 4를 그린다고 생각하며 매듭을 지어본다. 먼저 왼쪽의 엮는 줄로 4의 각 부분을 그리며 중심 줄 두 가닥 위에 엮는 줄을 올린다.

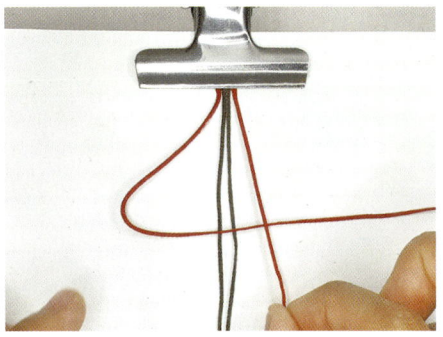

4. 오른쪽 엮는 줄로 4의 작대기 부분을 그리며 맨 위에 올린다.

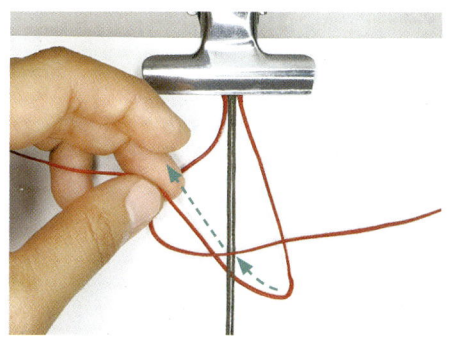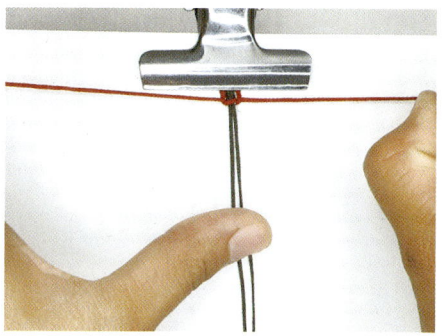

5. 오른쪽 엮는 줄을 중심 줄 두 가닥 뒤로 가도록 해서 왼쪽 4의 각진 부분이 만들어 낸 구멍을 뒤에서 앞으로 통과하도록 빼준다.

6. 양쪽의 엮는 줄을 동일한 힘을 주어 당긴다. 이때 중심 줄이 말려 올라가지 않도록 한 손가락으로 눌러 고정시킨다.

 tip

매듭 모양을 단단하고, 예쁘게 만들려면

매듭을 지어줄 때 마지막에 실을 한 번 더 당겨 단단히 모양을 잡아주면 예쁜 모양을 만들 수 있다.

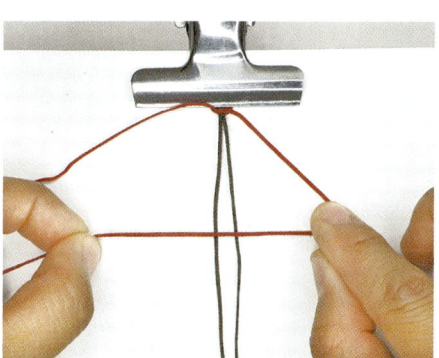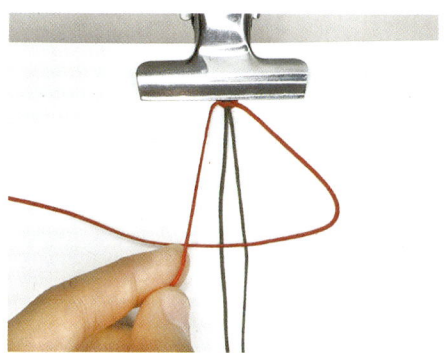

7. 이번에는 엮는 줄 두 가닥으로 좌우대칭이 된 숫자 4를 그린다고 생각하며 매듭을 지어보겠다. 먼저 오른쪽의 엮는 줄로 4의 각 부분을 그리며 중심 줄 두 가닥 위에 엮는 줄을 올린다.

8. 왼쪽 엮는 줄로 4의 작대기 부분을 그리며 맨 위에 올린다.

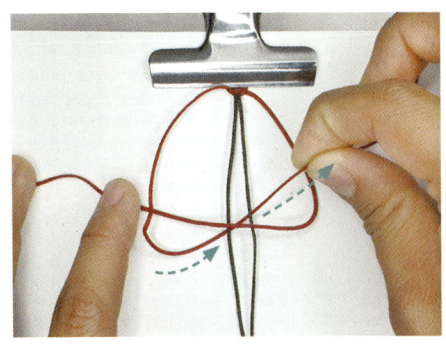

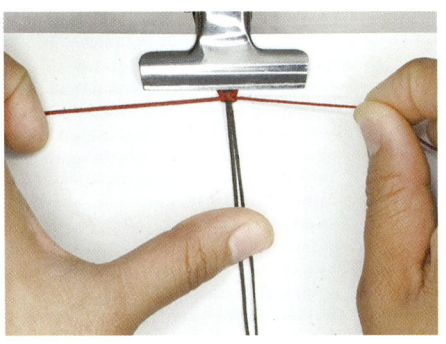

9. 왼쪽 엮는 줄을 중심 줄 두 가닥 뒤로 가도록 해서 오른쪽 4의 각진 부분이 만들어 낸 구멍을 뒤에서 앞으로 통과하도록 빼준다.

10. 양쪽의 엮는 줄을 동일한 힘을 주어 당긴다. 이때 중심 줄이 말려 올라가지 않도록 한 손가락으로 눌러 고정시킨다.

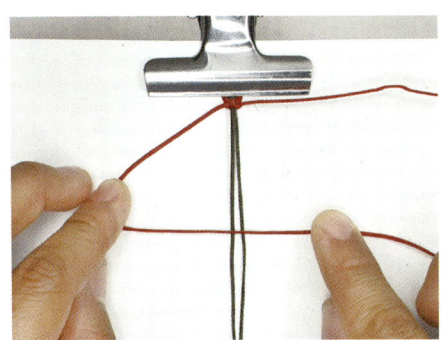

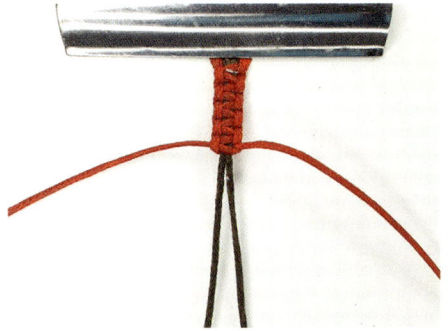

11. ③~⑩의 과정을 반복해준다.

12. 평매듭을 계속 반복하면 차곡차곡 예쁜 매듭이 쌓여 완성된다.

tip

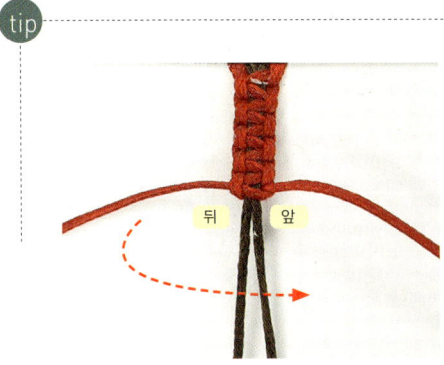

뒤   앞

어느 쪽 할 차례인지 헷갈릴 때 방향 구분하기

평매듭은 좌우로 바꿔가며 매듭을 지어주는데, 하다 보면 어느 쪽 할 차례인지 헷갈릴 때가 있다. 괜찮다. 엮는 실을 잘 보면 한쪽은 엮는 실이 뒤쪽에서 나오고, 한쪽은 엮는 실이 앞쪽에서 나오는 것을 볼 수 있다. 뒤쪽에서 나오는 엮는 실로 4의 각진 부분을 만들어 주면 된다.

매끄러운 매듭 라인 연출법

어떤 매듭법으로 매듭을 지어도 라인이 매끄럽고 예뻐야 한다. 아무리 쉬운 매듭법도 아마추어와 프로가 만든 결과물은 차이가 나는데, 대부분 라인이 다르다. 아마추어가 지은 매듭은 라인이 울퉁불퉁한데, 프로의 작품은 물이 흐르듯 매끄럽다. 이러한 디테일의 차이는 곧 완성도로 이어진다. 매듭을 지을 때 라인을 예쁘게 할 수 있는 방법은 다음과 같다.

Tip1_ 매듭을 지을 때 매듭을 하나씩 차곡히 쌓는다는 느낌으로 짓는다.
매듭을 지을 때 틈이 생기지 않도록 매듭을 이전에 지은 매듭 다음에 잘 붙여서 지어주면 매듭 사이 간격이 벌어지지 않아 깔끔한 매듭이 완성된다.

Tip2_ 마지막에 한 번 더 당겨준다.
실을 당겨 매듭을 지은 후 마지막에 한 번 더 힘을 주어 매듭을 단단하게 해준다.

Tip3_ 각도를 잘 활용해야 한다.
실을 당길 때에는 절대적인 힘을 많이 주기보다는 각도를 잘 활용하는 것이 중요하다.

펜던트 평매듭 팔찌 만들기

지름 2mm의 원형 펜던트를 넣어 만드는 평매듭 팔찌이다. 꼭 원형 펜던트가 아니더라도 양쪽에 동그란 고리가 달린 펜던트로 대체해도 된다. 평매듭은 어느 펜던트와 매치하더라도 펜던트를 돋보이게 할 수 있어 별자리 펜던트, 돌고래 펜던트 등 펜던트를 다양하고 의미 있게 사용하면 사람들의 이목을 끌 수 있다. 간단하고 시간이 비교적 적게 들어가는 매듭법이라 접근성 좋은 가격대의 작품을 제작하기에도 좋다.

준비물

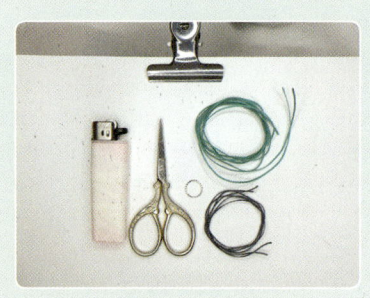

- 고정판, 집게, 가위, 라이터
- 지름 2mm의 원형 펜던트(양쪽에 동그란 고리가 달린 펜던트로 대체 가능)
- 폴리 왁스실 0.8mm 30cm 두 가닥(중심 줄), 70cm 두 가닥(엮는 줄)

 tip

실을 넉넉하게 준비해야 하는 이유

준비물에 필요한 실의 길이는 매듭짓는 이의 매듭방식(힘을 주는 정도, 매듭의 촘촘함의 정도)에 따라 달라질 수 있다. 책에서는 비교적 넉넉하게 실 길이를 제안하고 있지만, 실 길이가 지나치게 많이 남는다면 다음번에 제작할 때에는 남은 실 길이를 감안하여 더 짧게 실을 재단해도 좋다.

하지만 마지막 매듭을 지을 때에 잡을 수 있는 실 길이(7cm 이상)를 고려해야 한다. 10cm 이상으로 남는 실은 모아두었다가 짧은 실을 필요로 하는 작품이나 자투리 실을 활용한 작품에 응용할 수 있다. 반대로 실 길이가 부족한 사람은 매 작품마다 실 길이를 더 넉넉하게 재단하는 것이 좋다. 실이 남는 것은 문제가 되지 않지만 짧으면 곤란한 경우가 많기 때문이다.

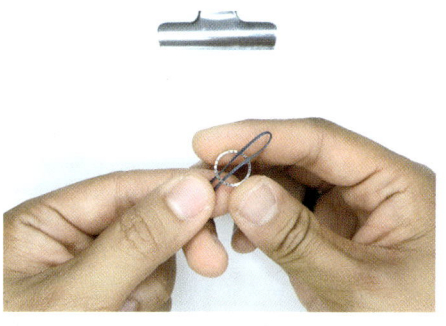

1. 30cm 실 한 가닥을 반으로 접어 펜던트의 동그라미에 접힌 부분을 통과시킨다.

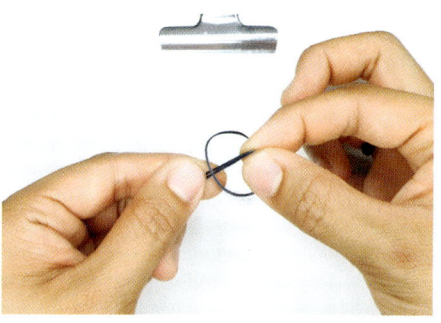

2. 펜던트에 통과시킨 반으로 접힌 구멍으로 손을 넣고 실의 끝쪽을 잡아당긴다. 이렇게 하면 펜던트에 매듭이 지어지면서 실이 고정된다.

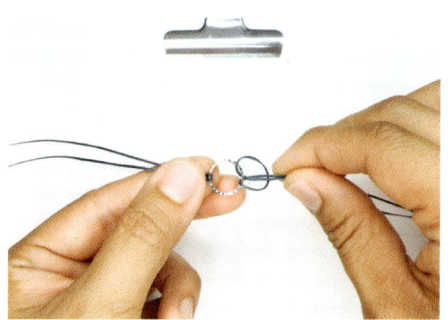

3. 나머지 한 가닥의 중심 줄도 똑같이 작업한다.

4. 펜던트를 고정판에 고정시킨다. 한쪽 실만 길게 늘어뜨리고, 다른 한쪽은 최대한 펜던트 바짝 고정시켜야 매듭을 짓기 편하다.

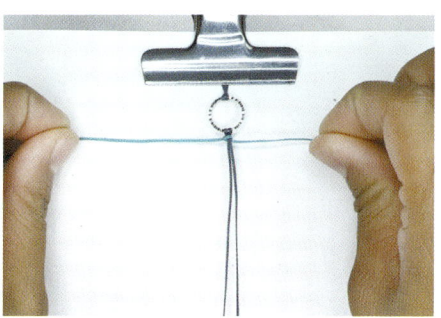

5. 70cm 엮는 줄 한 가닥으로 중심 줄을 한 번 묶는다. 이때 묶이는 부분이 엮는 줄의 중앙 부분이 되도록 해 중심줄을 묶은 부분을 기점으로 엮는 줄이 반씩 나뉘도록 한다.

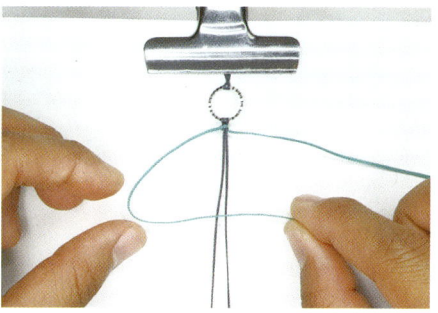

6. 이제 엮는 줄 두 가닥과 중심 줄 두 가닥으로 평매듭을 짓는다. 엮는 줄 두 가닥으로 숫자 4를 그린다고 생각하며 매듭을 짓는다. 먼저 왼쪽의 엮는 줄로 4의 각 부분을 그리며 중심 줄 두 가닥 위에 엮는 줄을 올린다.

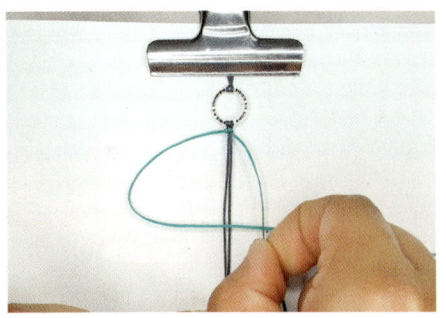

7. 오른쪽 엮는 줄로 4의 작대기 부분을 그리며 맨 위에 올린다.

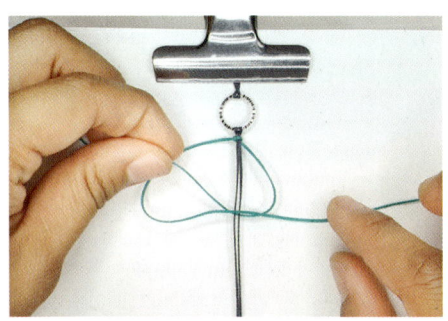

8. 오른쪽 엮는 줄을 중심 줄 두 가닥 뒤로 가도록 해서 왼쪽 4의 각진 부분이 만들어 낸 구멍을 뒤에서 앞으로 통과하도록 빼준다.

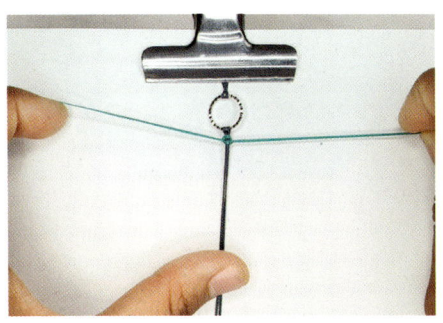

9. 양쪽의 엮는 줄을 동일한 힘을 주어 당긴다. 이때 중심 줄이 말려 올라가지 않도록 한 손가락으로 눌러 고정시킨다.

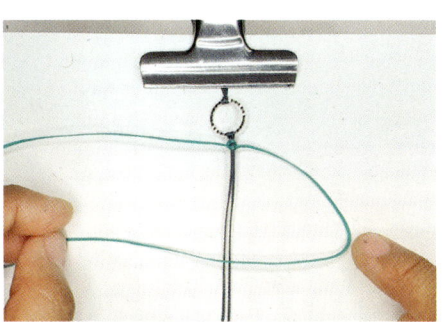

10. 이번에는 엮는 줄 두 가닥으로 좌우대칭이 된 숫자 4를 그린다고 생각하며 매듭을 지어보겠다. 먼저 오른쪽의 엮는 줄로 4의 각 부분을 그리며 중심 줄 두 가닥 위에 엮는 줄을 올린다.

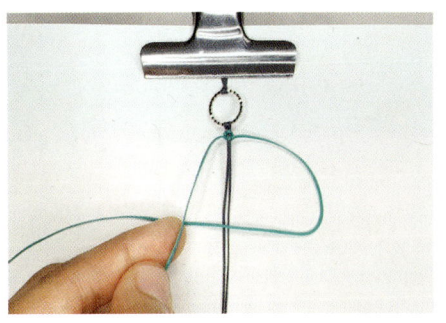

11. 왼쪽 엮는 줄로 4의 작대기 부분을 그리며 맨 위에 올린다.

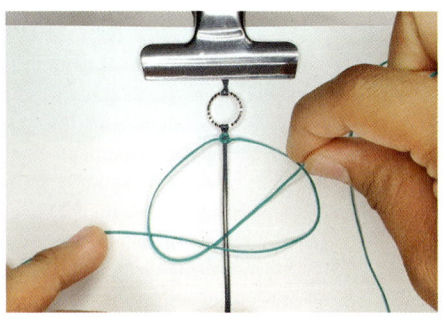

12. 왼쪽 엮는 줄을 중심 줄 두 가닥 뒤로 가도록 해서 오른쪽 4의 각진 부분이 만들어 낸 구멍을 뒤에서 앞으로 통과하도록 빼준다.

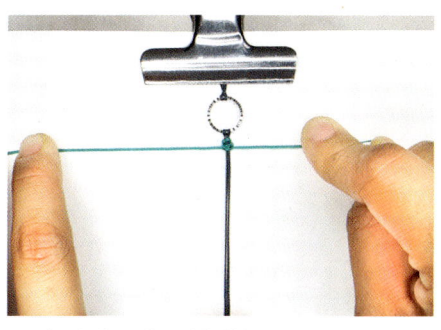
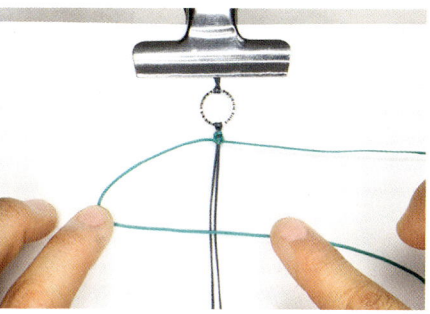

13. 양쪽의 엮는 줄을 동일한 힘을 주어 당긴다. 이때 중심 줄이 말려 올라가지 않도록 한 손가락으로 눌러 고정시킨다.

14. ⑥~⑬의 과정을 반복하며 평매듭을 이어나간다.

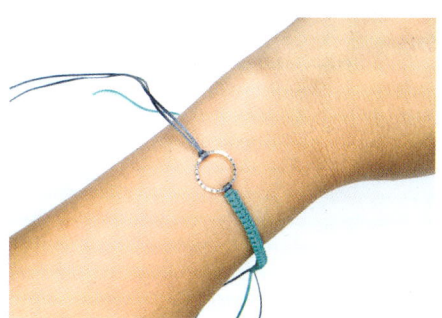
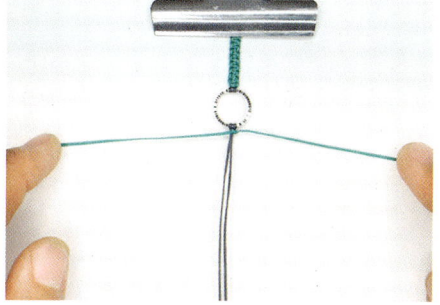

15. 매듭이 팔목의 4분의 1 이상을 덮는 길이가 되었을 때 방향을 바꿔 반대쪽을 매듭지어 준다.

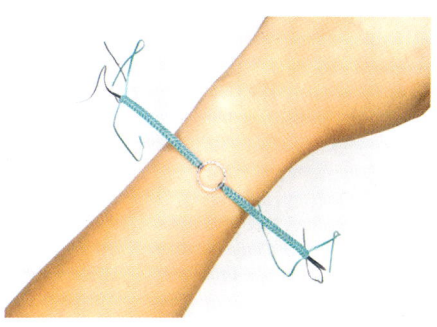
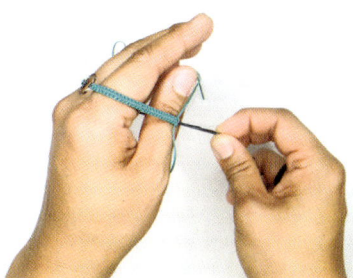

16. 팔찌가 손을 통과할 길이가 되도록 팔찌 전체의 길이를 정한다.

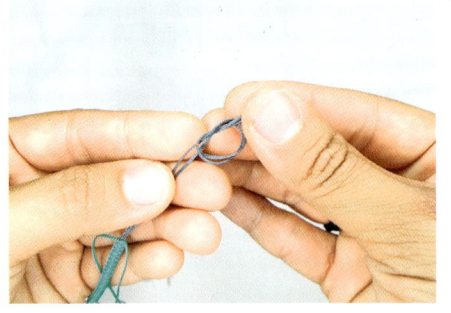
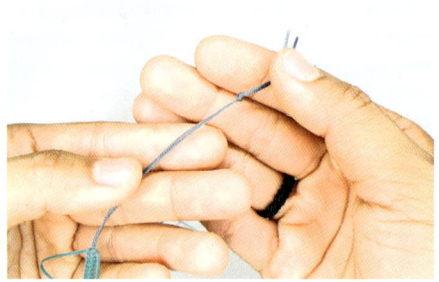

17. 팔찌 양 끝을 한 번씩 묶는다. 팔찌의 길이가 팔목을 충분히 두를 수 있도록 넉넉하게 길이를 잡고 묶어준다.

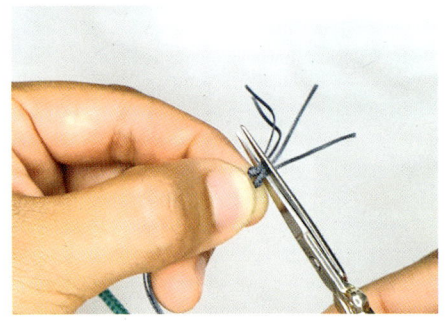

18. 필요 없는 실을 자르고 라이터로 녹여 마감한다.

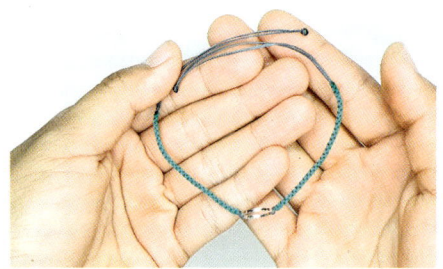

19. 팔찌를 동그란 모양으로 만들어 양쪽 끝이 겹쳐지게 한다.

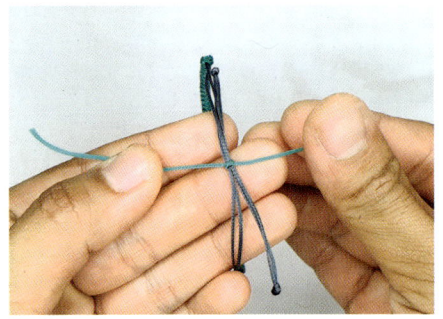
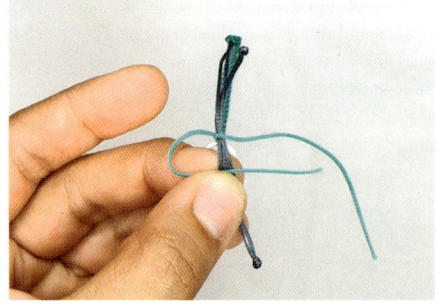

20. 자투리 실로 겹쳐진 두 줄을 묶어 평매듭을 지어준다. 이때 두 줄의 매듭줄이 중심 줄, 한 번 묶은 자투리 실의 양쪽이 엮는 줄 역할을 한다. 평매듭의 길이는 취향에 따라 결정하면 되는데, 한 번 이상 지어주면 된다.

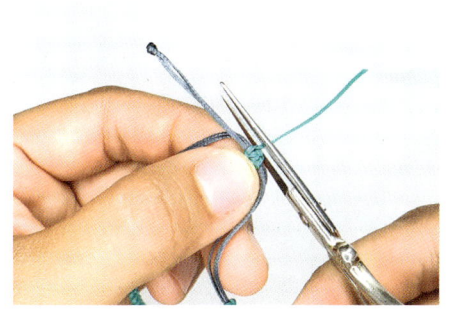 

21. 남은 실을 자르고 녹여 마감한다. 적당한 길이로 자르고 조금씩 녹여야 예쁘게 마무리 된다.

22. 단순하면서도
예쁜 펜던트 평매듭
팔찌가 완성되었다.

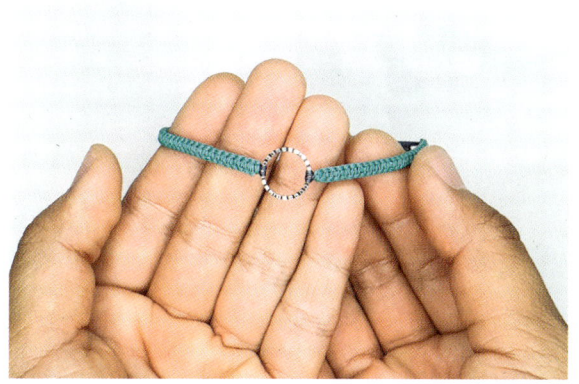

tip

펜던트 대신 원석도 OK!

평매듭으로 팔찌를 만들 때 펜던트가
아닌 원석을 이용하여 작품을 만들 수
도 있다. 펜던트가 아닌 원석을 사용한
것만으로도 사뭇 다른 느낌의 팔찌가 연
출된다. 원석을 이용할 때는 구멍에 매
듭실이 통과될 수 있는지 살펴보고, 만
약 구멍이 좁으면 비드리머로 넓혀주면
된다.

 실/전/팁

깔끔하고 견고한 매듭 마감 방법

심혈을 기울여 매듭 라인까지 아름답게 작품을 만들었는데 마감 부분이 유난히 티가 나거나 매듭이 쉽게 풀려버린다면 작품의 완성도가 낮아질 것이다. 그야말로 공든 탑이 무너질 수 있다. 마무리를 하는 전 과정에서 조금씩만 더 주의를 기울여주면 견고하면서도 깔끔한 작품이 완성된다.

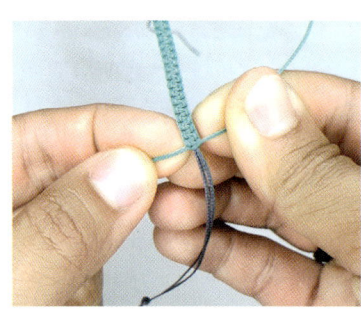

Step1_ 마무리 매듭 단단히 하기
실을 마감하는 동안 매듭이 풀리지 않도록 매듭을 한 번 더 꽉 지어준다.

> 정리할 실을 가위 날의 폭 만큼의 길이만 남기고 잘라준다.

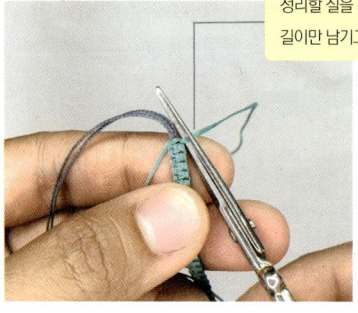

Step2_ 적당한 길이로 남은 실 잘라주기
매듭을 짓고 남은 실을 가위로 잘라 정리해 줄 때 어떤 길이로 자르느냐가 아주 중요하다. 너무 짧으면 녹여줄 실이 충분하지 않아서 매듭이 풀릴 수 있고 너무 길면 많은 양의 실을 불로 녹여 실이 불에 타거나 뭉칠 수 있기 때문이다. 경험상 가위 날의 폭 정도의 길이를 남기고 잘라주는 것이 가장 깔끔했다.

Step3_ 타지 않게 실 끝 녹이기

불을 이용해 실 끝을 녹여줄 때 중요한 것은 실이 타거나 그을리지 않도록 잘 녹여주는 것이다. 불의 중심 부분 파란색 불로 실 끝을 조금씩 녹여주면 실이 타거나 그을리지 않게 녹일 수 있다. 이때 너무 오래 불을 대고 있지 말고 불을 댔다 떼었다 하면서 조금씩 실 끝을 녹여주는 것이 좋다. 밝은 색상의 실일수록 그을음이 생기면 티가 날 수 있어 주의해야 한다.

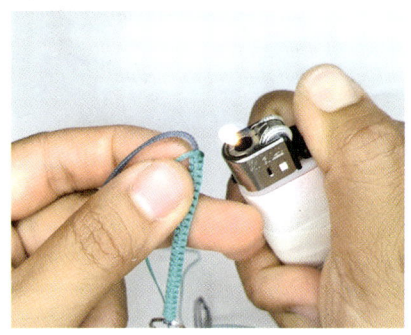

Step4_ 녹은 실을 꾹 눌러 붙여주기

실을 불로 녹이면 잠시 동안 글루건처럼 접착제 역할을 할 수 있는 상태가 된다. 실을 녹이자마자 녹은 실을 꾹 매듭 쪽으로 눌러 붙여주면 납작하게 매듭에 달라붙으면서 깔끔하면서도 풀리지 않게 마감이 된다. 손으로 하면 뜨거우니 라이터 머리 부분으로 눌러주면 안전하다.

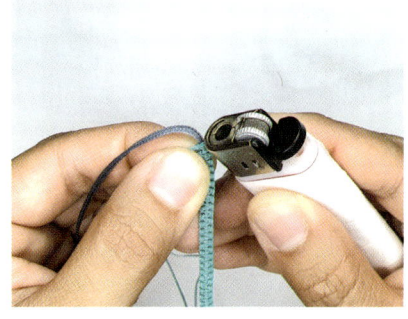

두 줄 꼬기와 참 장식으로 만든 팔찌

 두 줄 꼬기 매듭은 간단하면서도 예쁜 액세서리를 만드는 데 유용한 매듭법이다. 또한 두 줄 꼬기 매듭은 다른 매듭으로 만든 팔찌의 양 끝부분에 사용해 길이 조절이 가능하도록 할 때 많이 이용하기도 한다.

여기서는 엔틱한 느낌의 참 장식을 포인트로 넣어 완성하는 두 줄 꼬기 팔찌를 만들어 보자. 두 줄 꼬기는 가느다란 매듭의 특성상 과한 액세서리를 선호하지 않는 사람들이 주로 좋아한다. 가볍게 착용할 수 있어 남녀노소 누구에게나 쉽게 다가갈 수 있는 매듭이기도 하다.

두 줄 꼬기 매듭만으로도 예쁜 팔찌나 발찌를 만들 수 있지만 펜던트나 참 장식을 활용해 포인트를 주는 것도 좋다. 어떤 참 장식이나 펜던트를 다느냐에 따라 다른 느낌을 줄 수 있기 때문이다. 또한 장식은 같아도 매듭실의 두 가닥 색깔을 어떻게 조합하느냐에 따라서도 색다른 분위기를 연출할 수 있다.

준비물

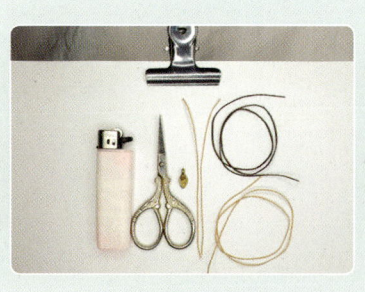

- 고정판, 집게, 가위, 라이터
- 린하시타 남미실 0.7mm 40cm 두 가닥, 자투리 실 두 가닥(색상이 다른 두 가닥을 준비해도 좋다)
- 참 장식

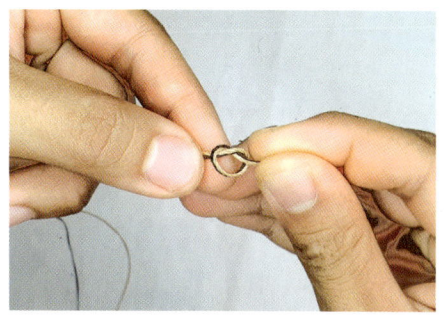

1. 실 두 가닥의 끝을 맞춰 잡고 한 번 묶어준다.

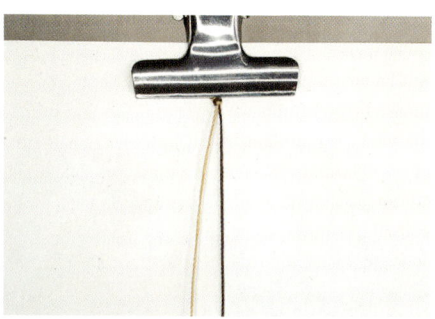

2. 묶은 부분 다음부터 매듭이 지어질 수 있도록 집게로 집어 고정판에 고정시킨다.

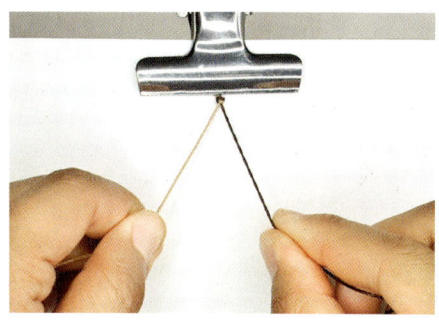

3. 두 가닥의 실을 각각 한 쪽 방향으로 돌려 꼬아준다. 실 자체에 꼬임이 있다면 꼬여있는 방향으로 꼬아주면 된다. 린하시타 남미실은 시계 반대방향으로 꼬임이 있다. 충분히 꼬아주어야 두 줄 꼬기를 했을 때 실이 풀리지 않는다.

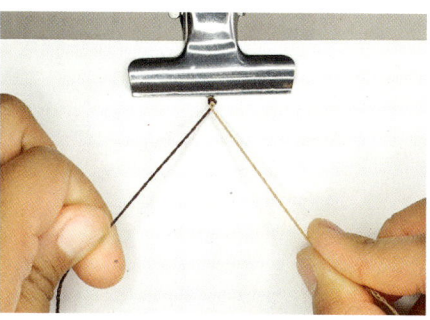

4. 두 가닥의 실끼리는 ③에서 실을 꼬아 준 반대 방향으로 서로 꼬아준다. 예를 들어 ③에서 왼쪽 방향으로 꼬았다면 여기서는 오른쪽 방향으로 꼬아주면 된다.

5. 두 줄을 계속해서 꼬아준다. 실 자체의 꼬임이 풀리려는 방향과 실끼리의 꼬임이 풀리려는 방향이 서로 달라 꼬임이 풀리지 않는다.

6. 중간에 두 가닥에 참 장식을 통과시켜 끼운다.

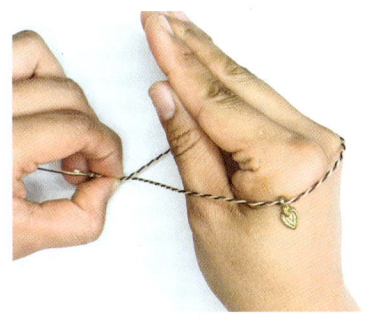 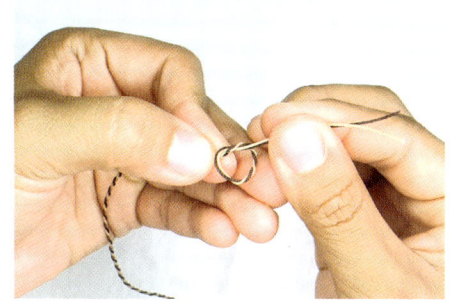

7. 매듭의 총 길이가 손을 통과하는 길이가 될 때까지 두 줄을 꼬아준 후 처음과 같이 끝부분을 묶어준다.

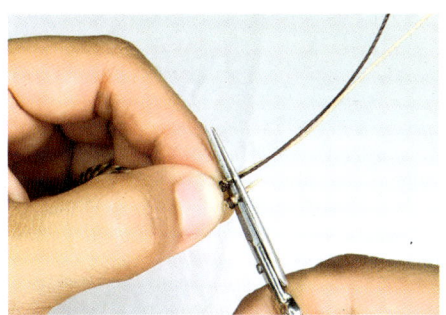

8. 양 끝의 남은 실을 자르고 녹여 마감한다.

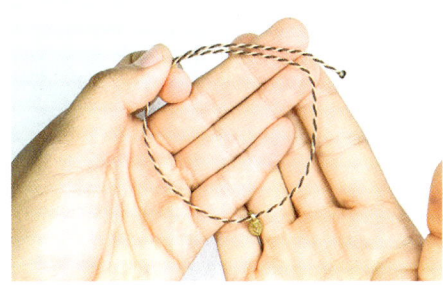 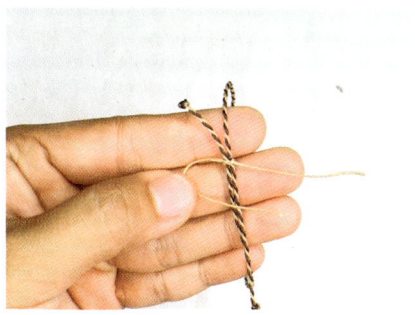

9. 팔찌를 동그란 모양으로 만들어 양쪽 끝이 겹쳐지게 잡는다.

10. 자투리 실로 겹쳐진 두 줄을 묶어 평매듭을 지어준다. 이때 두 줄의 매듭줄이 중심 줄, 한 번 묶은 자투리 실의 양쪽이 엮는 줄 역할을 한다. 평매듭의 길이는 취향에 따라 결정하되 한 번 이상 지어주면 된다.

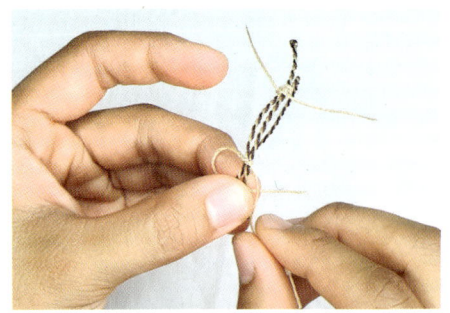 

11. 다른 자투리 실 한 가닥으로 평매듭을 하나 더 지어준다. 집게로 팔찌를 고정한 다음 평매듭을 지어주면 쉽게 매듭을 지을 수 있다. 길이 조절 매듭이 두 개이면 팔목에 딱 맞게 감아 착용하는 팔찌를 완성할 수 있다.

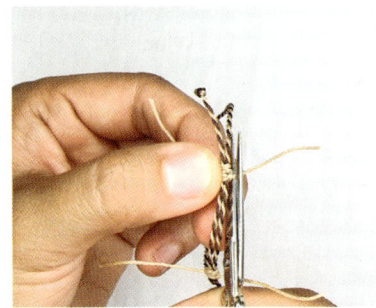 

12. 남은 실을 자르고 녹여 마감한다.

13. 참 장식 두 줄꼬기 팔찌가 완성되었다.

tip

밝은 색 실을 사용할 때 주의할 점

매듭과 실이 익숙하지 않은 초반에는 밝은 색 실을 사용할 때 어려움을 겪을 수 있다. 마이크로 마크라메의 재료로 쓰이는 매듭실은 대부분 왁스 처리가 되어 있는데, 그 중에서도 린하시타 남미실은 끈적하다고 느껴질 정도로 표면에 많은 양의 왁스가 묻어있는 실이다.

이러한 실의 특성 때문에 손에 묻은 작은 먼지들이 매듭실에 쉽게 옮겨 붙는다. 어두운 색상의 실은 티가 나지 않지만 밝은 색상의 실은 실에 묻은 먼지가 잘 보이기 때문에 작품을 만들면서 달라붙은 먼지로 인해 작품이 얼룩덜룩하거나 더러워질 수 있다. 따라서 밝은 실로 작업할 때는 더 신경 써서 손을 자주 씻어주는 것이 좋다. 밝은 색상의 실은 불로 마감할 때도 그을음이 잘 보이기 때문에 처음에는 자투리 실을 녹이면서 연습해 보는 것을 추천한다.

이어엮기법을 단순하게 반복해서 만드는 팔찌

이어엮기법은 마크라메 액세서리를 만들 때 가장 많이 사용하는 매듭법
이다. 이어엮기법 한 가지만 알아도 실 여러 가닥 사이의 매듭짓는 순서
를 바꿔 다양한 패턴을 만들어 낼 수 있다. 기본적인 이어엮기법을 단순
하게 반복하는 것만으로도 상당히 멋스러운 팔찌가 완성된다.

이어엮기법 기본

평매듭법이나 두 줄 꼬기에 비해 이어엮기법은 난이도가 있다. 힘 조절
도 좀더 세밀하게 해야 하지만 기본적인 요령을 터득하면 금방 익숙해
질 것이다. 매듭은 왼쪽에서 오른쪽으로 혹은 오른쪽에서 왼쪽으로 지
을 수 있는데, 방향이 달라지면 매듭을 지었을 때 사선의 방향이 달라질
뿐, 매듭짓는 방법은 동일하다.

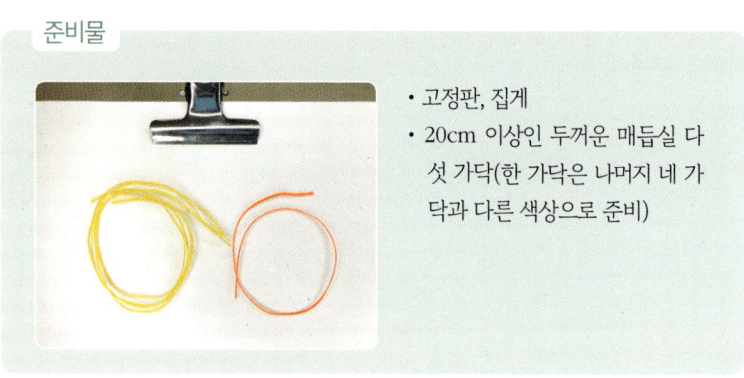

준비물

• 고정판, 집게
• 20cm 이상인 두꺼운 매듭실 다
  섯 가닥(한 가닥은 나머지 네 가
  닥과 다른 색상으로 준비)

¤ 왼쪽 → 오른쪽

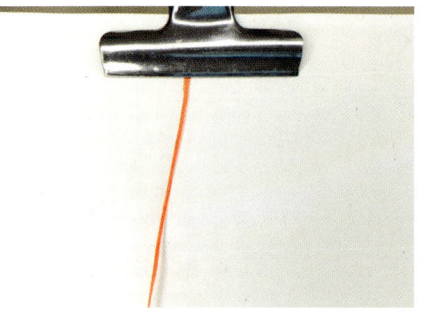

1. 한 색상의 매듭실 한 가닥을 고정판에 고정시킨다.

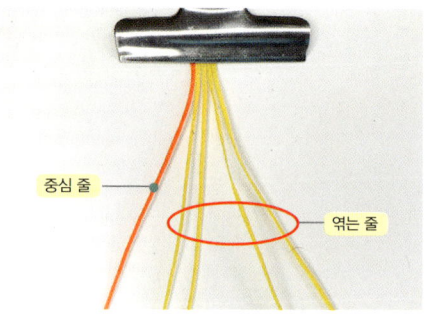

중심 줄

엮는 줄

2. 다른 색상의 매듭실 네 가닥을 오른쪽에 추가로 고정시
킨다. 한 가닥의 실을 중심 줄, 네 가닥의 실을 엮는 줄이라
고 부른다.

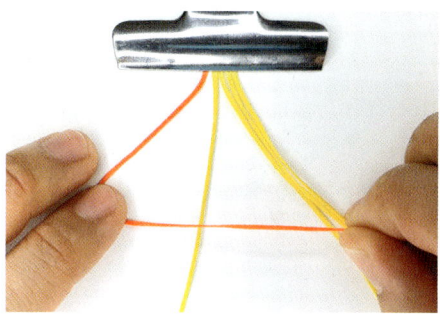

3. 이어엮기법은 중심 줄 한 가닥을 엮는 실로 감싸며 매듭을 짓는 매듭법이다. 가장 왼쪽 엮는 줄부터 순서대로 매듭을 짓는다. 먼저 중심 줄을 가장 왼쪽 엮는 줄 한 가닥 위에 올려준다.

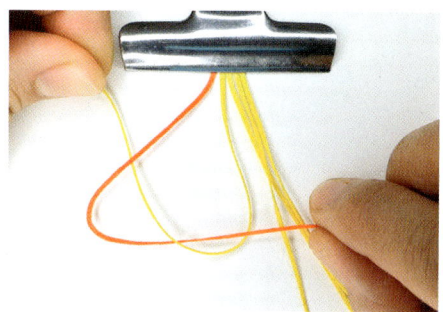

4. ③에서 자연스럽게 생긴 구멍으로 엮는 줄의 끝을 빼준다. 이때 엮는 줄이 나가는 방향은 중심 줄이 향하는 방향(왼→오)과 반대 방향(오→왼)이다.

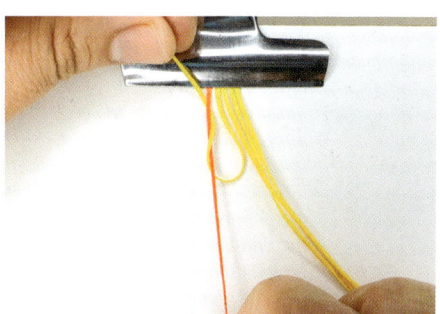

5. 중심 줄을 팽팽하게 해준 뒤 엮는 줄을 중심 줄과 반대 방향으로 당겨준다.

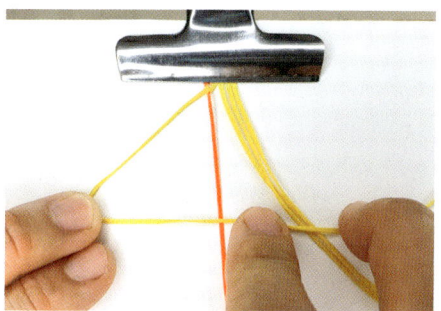

6. 이번에는 엮는 줄을 중심 줄 위에 올려준다.

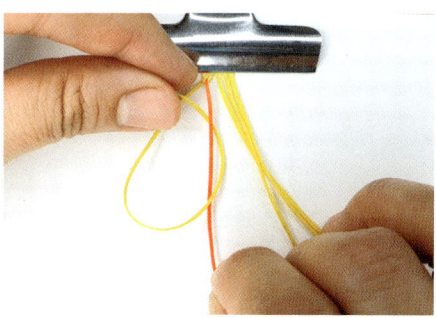

7. ⑥에서 자연스럽게 생긴 구멍으로 엮는 줄의 끝을 빼준다.

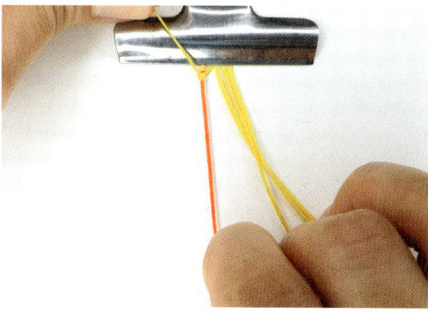

8. 중심 줄을 팽팽하게 해준 뒤 엮는 줄을 중심 줄과 반대 방향으로 당겨준다.

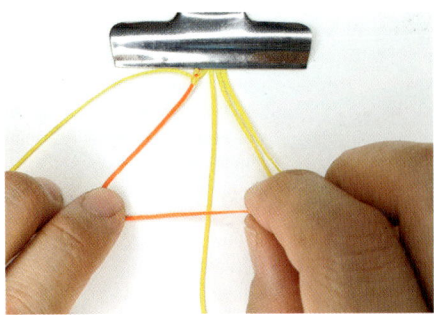

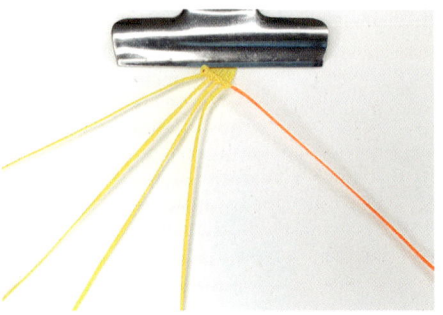

9. 그 다음 엮는 줄도 ③~⑧의 과정으로 순서대로 엮어주면 된다.

10. 완성된 모습이다. 그림처럼 사선으로 매듭이 지어져 있어야 한다.

¤ 오른쪽→왼쪽

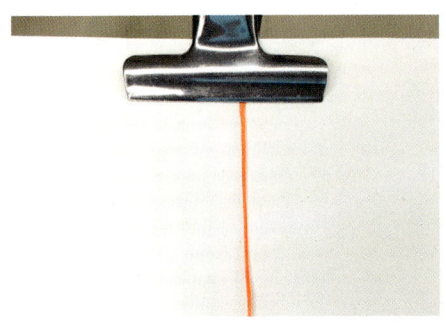

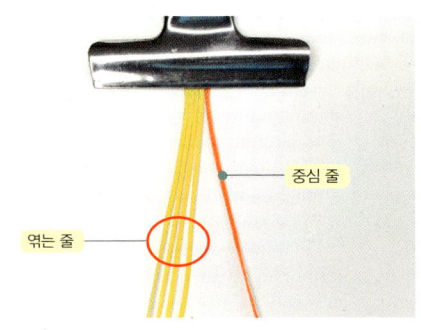

중심 줄

엮는 줄

1. 한 색상의 매듭실 한 가닥을 고정판에 고정시킨다.

2. 다른 색상의 매듭실 네 가닥을 왼쪽에 추가로 고정시킨다. 한 가닥의 실을 중심 줄, 네 가닥의 실을 엮는 줄이라고 부른다.

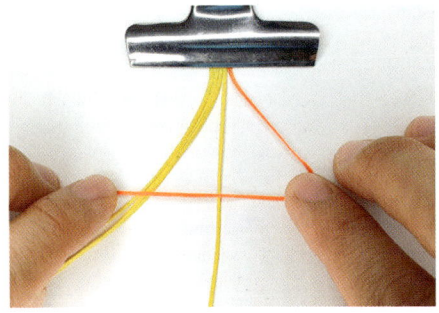

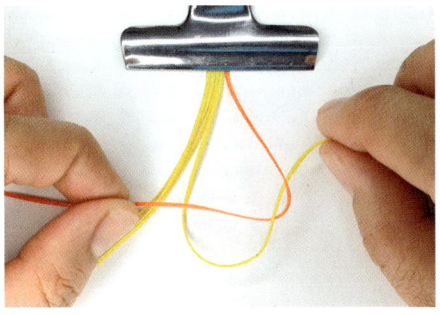

3. 이어엮기법은 중심 줄 한 가닥을 엮는 실로 감싸며 매듭 짓는 매듭법이다. 가장 오른쪽 엮는 줄부터 순서대로 매듭을 짓는다. 먼저 중심 줄을 가장 오른쪽 엮는 줄 한 가닥 위에 올린다.

4. ③에서 자연스럽게 생긴 구멍으로 엮는 줄의 끝을 빼준다. 이때 엮는 줄이 나가는 방향은 중심 줄이 향하는 방향(오→왼)과 반대 방향(왼→오)이다.

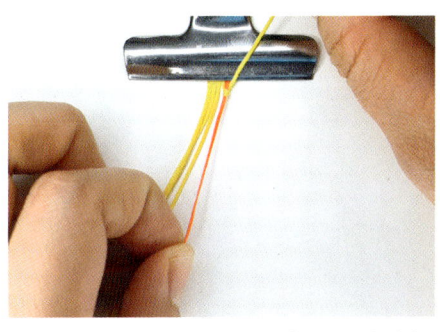

5. 중심 줄을 팽팽하게 해준 뒤 엮는 줄을 중심 줄과 반대 방향으로 당겨준다.

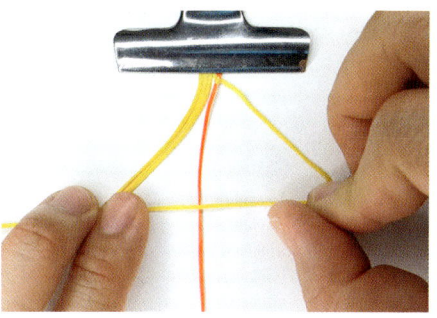

6. 이번에는 엮는 줄을 중심 줄 위에 올려준다.

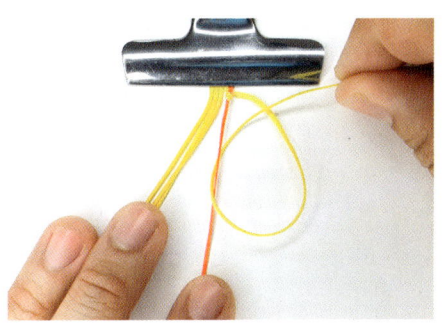

7. ⑥에서 자연스럽게 생긴 구멍으로 엮는 줄의 끝을 빼준다.

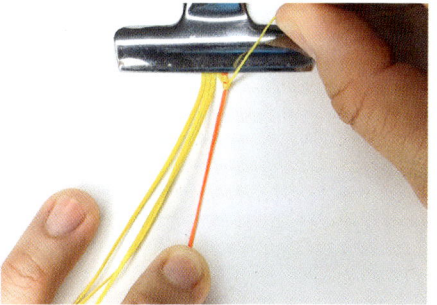

8. 중심 줄을 팽팽하게 해준 뒤 엮는 줄을 중심 줄과 반대 방향으로 당겨준다.

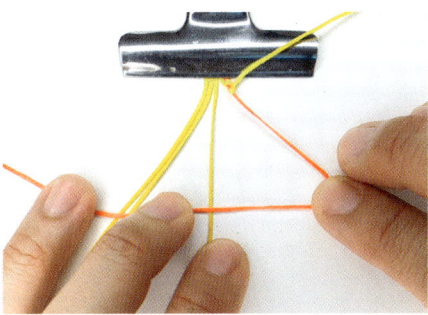

9. 그 다음 엮는 줄도 ③~⑧의 과정으로 순서대로 엮어주면 된다.

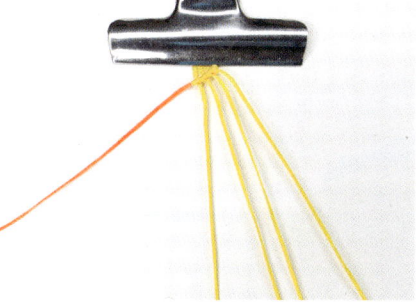

10. 오른쪽에서 왼쪽 방향으로 사선으로 매듭이 지어졌다.

이어엮기 매듭 팔찌 만들기

기본적인 이어엮기를 반복하면 자연스럽게 사선 모양의 무늬가 나온다. 엮는 줄의 색상을 달리해서 사선 줄무늬를 만들 수 있다. 두께와 색상을 어떻게 배합하느냐에 따라 남자 분들이 선호하는 팔찌도 만들 수 있다. 이어엮기법을 계속해서 반복하기 때문에 매듭실력을 늘리기에도 좋은 팔찌이다.

준비물

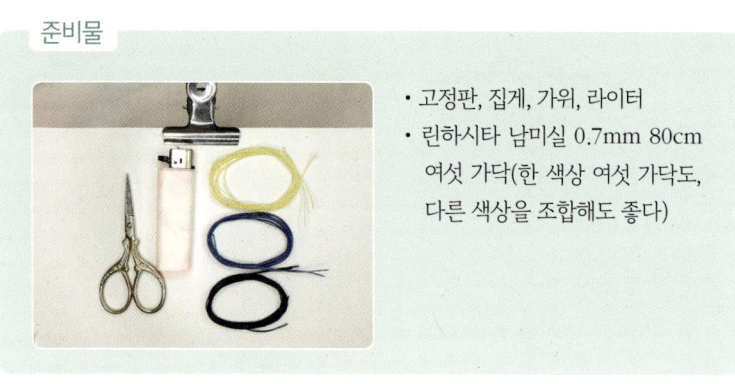

• 고정판, 집게, 가위, 라이터
• 린하시타 남미실 0.7mm 80cm
  여섯 가닥(한 색상 여섯 가닥도,
  다른 색상을 조합해도 좋다)

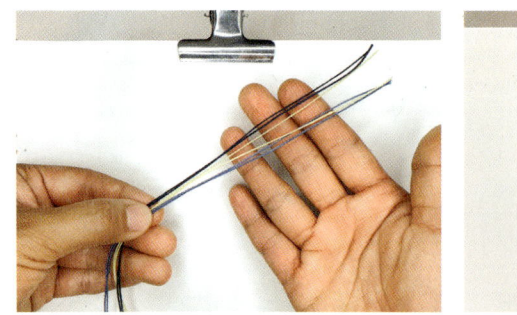

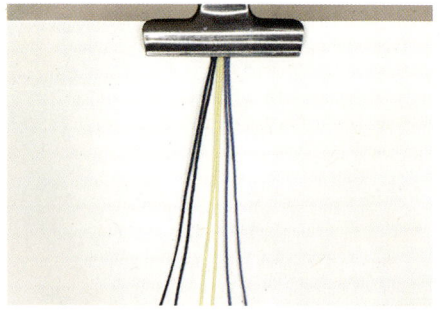

1. 실 여섯 가닥의 끝을 맞춰 잡고 12cm를 남긴 지점을 집게로 집어 고정판에 고정시킨다. 12cm 가량을 남기는 것은 팔찌의 길이 조절이 가능하게 하는 부분을 미리 남겨두고 팔찌의 메인 매듭을 지어주기 위해서이다.

2. 가장 왼쪽 실을 중심 줄, 나머지 오른쪽 실들을 왼쪽에서 오른쪽 순서대로 엮는 줄로 해서 이어엮기법으로 엮어볼 것이다. 먼저 중심 줄을 가장 왼쪽 엮는 줄 한 가닥 위에 올려준다.

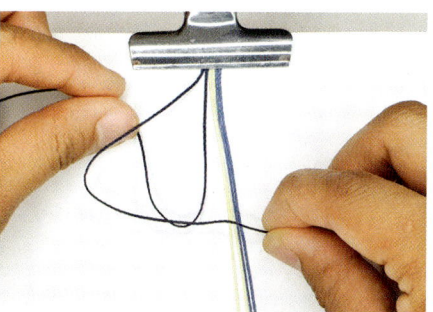

3. ②에서 자연스럽게 생긴 구멍으로 엮는 줄의 끝을 빼준다. 이때 엮는 줄이 나가는 방향은 중심 줄이 향하는 방향(왼→오)과 반대 방향(오→왼)이다.

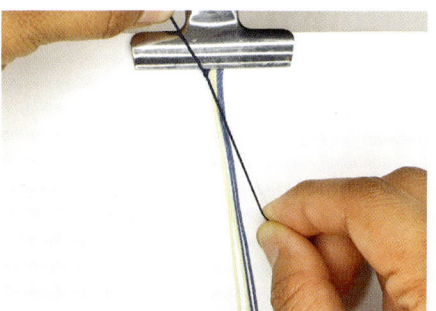

4. 중심 줄을 팽팽하게 해준 뒤 엮는 줄을 중심 줄과 반대 방향으로 당겨준다. 이때 중심 줄보다 엮는 줄을 당기는 힘이 세면 매듭이 뒤틀려 아예 다른 모양이 나올 수 있다. 중심 줄을 먼저 팽팽하게 한 뒤 중심 줄에 엮는 줄을 차곡차곡 쌓아나간다는 생각으로 당겨준다.

5. 이번에는 엮는 줄을 중심 줄 위에 올려준다.

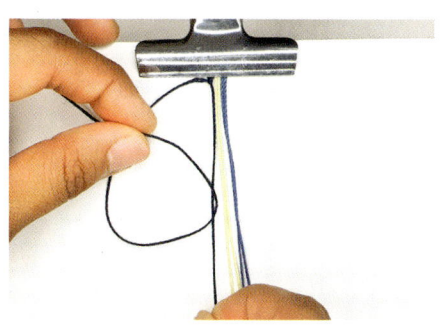

6. ⑤에서 자연스럽게 생긴 구멍으로 엮는 줄의 끝을 빼준다.

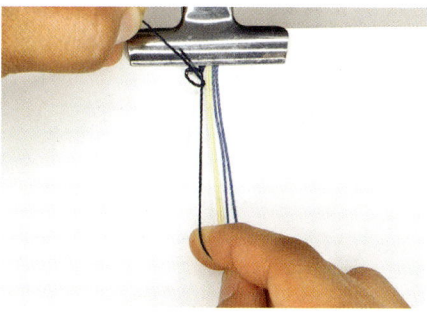

7. 중심 줄을 팽팽하게 해준 뒤 엮는 줄을 중심 줄과 반대 방향으로 당겨준다.

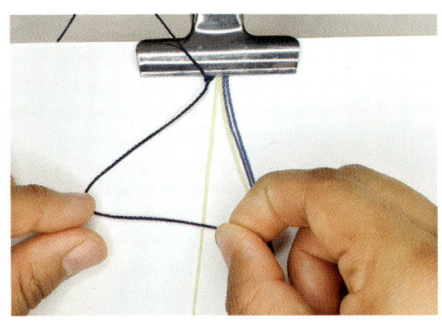 

8. 그 다음 엮는 줄도 ②~⑦의 과정으로 순서대로 엮어주면 된다.

9. 다섯 가닥의 엮는 줄을 중심 줄과 다 엮어줬으면 다시 가장 왼쪽 실을 중심 줄로 해서 이어엮기로 매듭지어 준다.

tip

칸과 칸 사이 틈이 벌어지지 않게 하려면

이어엮기로 팔찌를 매듭지을 때에는 칸과 칸 사이(다섯 가닥의 엮는 줄로 매듭지어 생긴 한 줄을 한 칸이라고 부른다) 틈이 벌어지지 않도록 주의해야 한다. 그러기 위해서는 중심 줄을 당기는 방향을 방금 전에 매듭지어 생긴 칸의 각도와 동일하게 해야 한다.

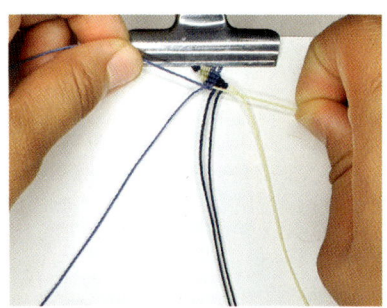

매듭의 길이가 길어지면

매듭의 길이가 길어졌을 때에는 집게로 다시 짧게 집어가며 매듭을 지어야 모양을 예쁘게 내기 수월하다.

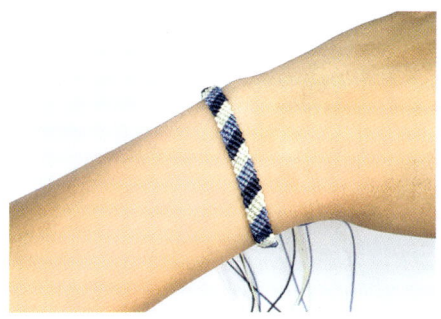

10. 매듭이 팔목의 절반 이상을 덮는 길이가
될 때까지 매듭지어 준다.

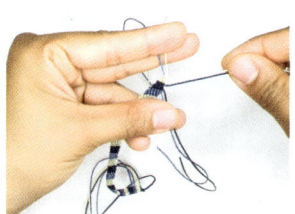  

11. 메인 매듭을 다 지었으면 팔찌의 길이 조절이 가능하도록 하는 부분을 두 줄 꼬기로 매듭지어 준다. 매듭짓기에 앞서
여섯 가닥의 실 중 가운데 두 가닥 씩을 빼고 나머지 실들을 자르고 녹여 마감해준다.

12. 남은 두 가닥의 실을 두 줄
꼬기로 매듭지어 준다.

tip

여섯 가닥 중 어떤 실을 남길까?

여섯 가닥의 실로 이어엮기를 해 팔찌 메인 부분을 만들고, 마무리를 두 줄 꼬기를 할 때는 여섯 가닥 중 두
가닥만 있으면 된다. 이 최종 두 가닥은 개인의 취향과 안목에 따라 자유롭게 정할 수 있다. 나의 경우 주로
가운데 두 가닥을 남겨서 메인 매듭의 중앙에 두 줄 꼬기가 위치하도록 하는 것을 선호한다. 하지만 취향
에 따라 한 쪽으로 치우쳐서 두 가닥을 남겨도 그 나름의 멋이 있다.

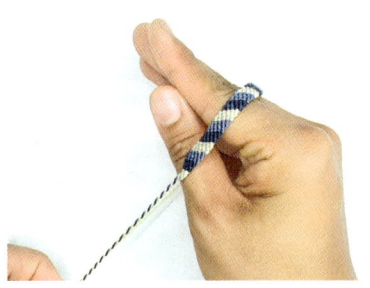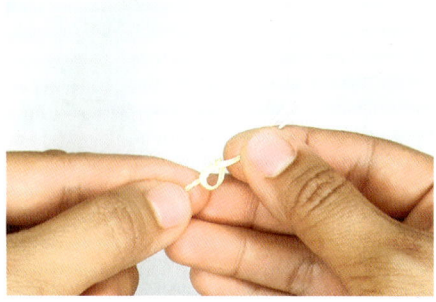

13. 팔찌의 총 길이가 손을 통과하는 길이가 될 때까지 양쪽의 두 줄을 각각 꼬아준 후 끝부분을 묶어준다.

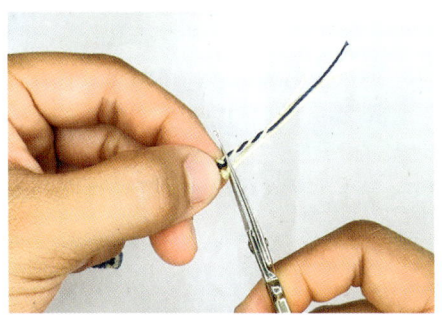

14. 끝의 남은 실을 자르고 녹여 마감해 준다. 마감을 잘해야 작품의 완성도가 높아진다.

15. 팔찌를 동그란 모양으로 만들어 양쪽 끝이 겹쳐지게 한다.

16. 자투리 실로 겹쳐진 두 줄을 묶어 평매듭을 지어준다.

17. 남은 실을 자르고 녹여 마감한다. 라이터의 파란색 불에 대고 녹이면 깔끔하게 마무리할 수 있다.

18. 이어엮기 매듭 팔찌가 완성되었다.

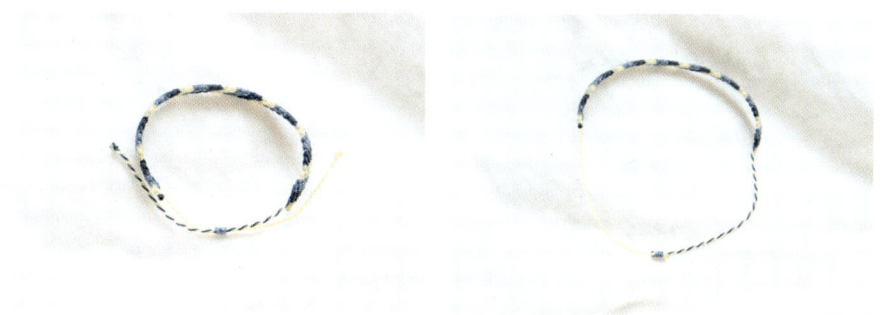

19. 마무리 단계에서 지은 평매듭으로 팔찌의 길이를 자유롭게 늘였다 줄일 수 있다.

8자 매듭으로 만든 팔찌

8자 매듭은 이어엮기법의 매듭 순서를 변형해 8자 모양을 만들어가는 매듭법이다. 모양만 보면 이어엮기와는 전혀 다른 매듭법 같지만 이어엮기가 기본이다. 기본적인 이어엮기 못지 않게 8자 매듭은 응용이 많이 될 뿐 아니라 그 자체의 곡선 모양만으로 사랑받는 매듭법이다. 그래서 8자 매듭으로 만든 팔찌는 매듭실 색깔이 화려하지 않아도 곡선 모양이 예뻐 단순한 듯 하면서도 멋스러움이 넘친다.

준비물

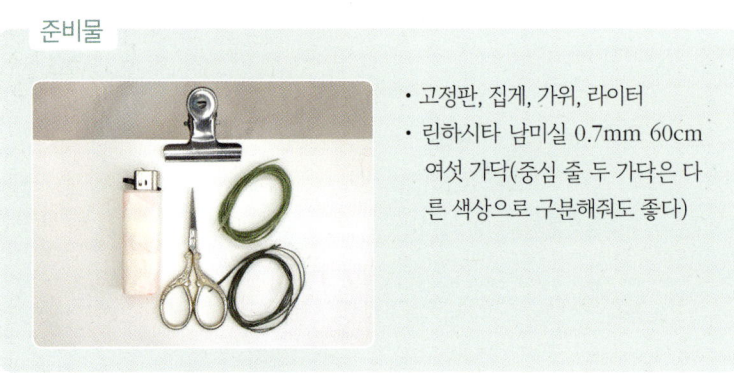

- 고정판, 집게, 가위, 라이터
- 린하시타 남미실 0.7mm 60cm 여섯 가닥(중심 줄 두 가닥은 다른 색상으로 구분해줘도 좋다)

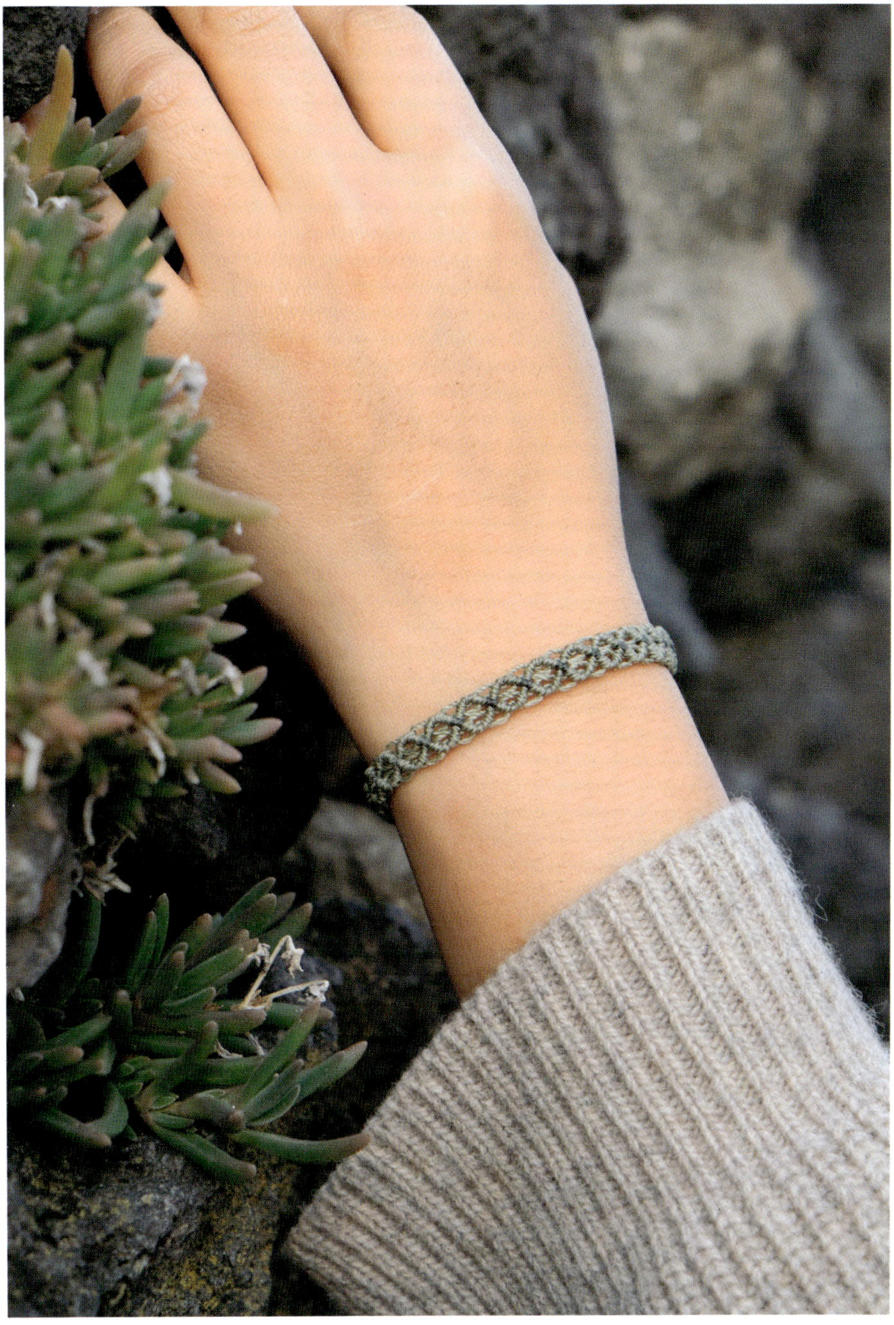

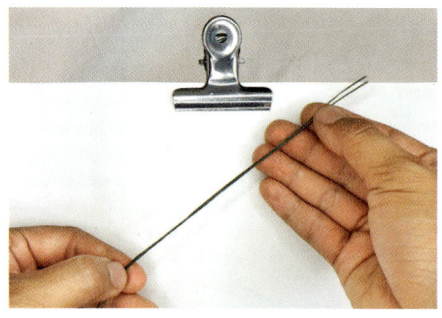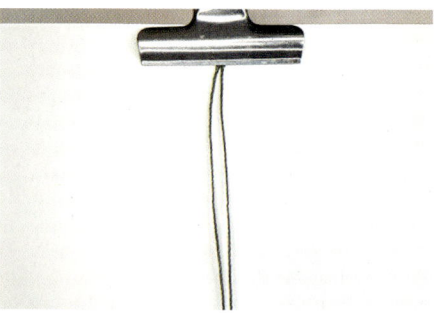

1. 중심 줄 두 가닥의 끝을 맞춰 잡고 12cm를 남긴 지점을 집게로 집어 고정한다. 12cm를 남기는 이유는 팔찌의 길이 조절이 가능하게 하는 부분을 미리 남겨두고 팔찌의 매듭을 지어주기 위해서이다.

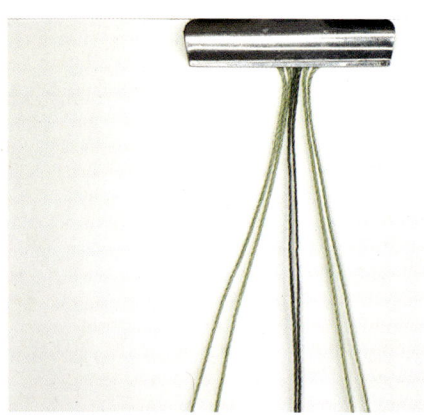

2. 엮는 줄의 끝부분을 집게로 집어 각각 두 가닥씩 양쪽 중심 줄의 옆에 추가해 준다.

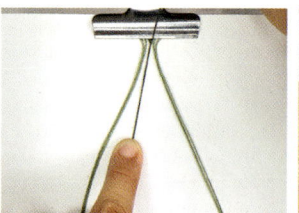

3. 여섯 가닥 중 가운데 중심 줄 두 가닥끼리 먼저 매듭지을 것이다. 두 가닥 중 오른쪽을 중심 줄로 해서 이어엮기법으로 매듭지어 준다. 두 가닥 중 어느 줄을 중심 줄로 할 것인지는 임의로 정하면 된다. 여기서는 편의상 오른쪽을 중심 줄로 정했다.

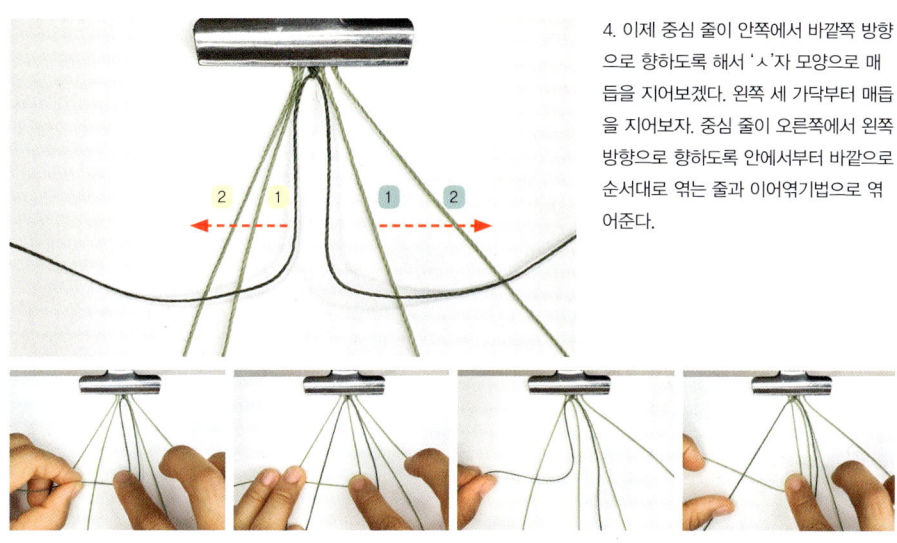

4. 이제 중심 줄이 안쪽에서 바깥쪽 방향으로 향하도록 해서 'ㅅ'자 모양으로 매듭을 지어보겠다. 왼쪽 세 가닥부터 매듭을 지어보자. 중심 줄이 오른쪽에서 왼쪽 방향으로 향하도록 안에서부터 바깥으로 순서대로 엮는 줄과 이어엮기법으로 엮어준다.

5. 이번에는 오른쪽 세 가닥도 매듭을 지어보자. 중심 줄이 왼쪽에서 오른쪽 방향으로 향하도록 안에서부터 바깥으로 순서대로 엮는 줄과 이어엮기법으로 엮어준다.

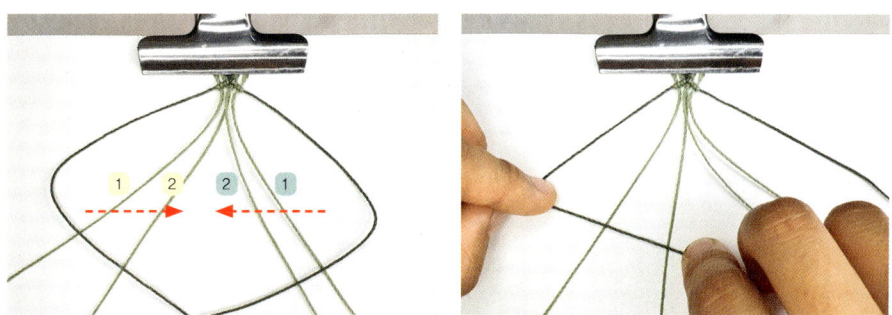

6. 이번에는 중심 줄이 바깥에서 안쪽 방향으로 향하도록 해서 'V'자 모양으로 매듭을 지어보자. 왼쪽 세 가닥부터 매듭을 짓고, 중심 줄이 왼쪽에서 오른쪽 방향으로 향하도록 바깥에서 안쪽으로 순서대로 엮는 줄과 이어엮기법으로 엮어준다.

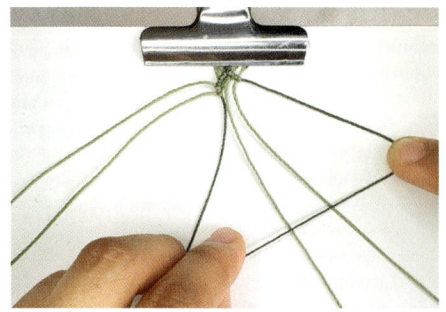

7. 오른쪽 세 가닥도 매듭을 지어보자. 중심 줄이 오른쪽에서 왼쪽 방향으로 향하도록 바깥에서부터 안으로 순서대로 엮는 줄과 이어엮기법으로 엮어준다.

8. ③～⑦과정을 반복해서 매듭지어 준다.

tip

8자 모양을 길쭉하게 혹은 동그랗게 만들기

매듭을 지을 때 중심 줄을 팽팽하게 당겨주는 각도를 어떻게 하느냐에 따라서 8자 모양이 달라질 수 있다. 중심 줄의 각도를 수직에 가깝게 당겨주면 길쭉한 모양의 8자가 완성되고, 중심 줄의 각도를 수평에 가깝게 당겨줄수록 8자 모양이 동그랗게 만들어진다.

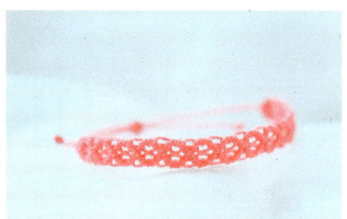

동그란 모양의 8자(왼쪽), 길쭉한 모양의 8자(오른쪽)

9. 메인 매듭을 다 지었으면 팔찌의 길이 조절이 가능하도록 하는 부분을 두 줄 꼬기로 매듭을 지어주면 된다. 중심 줄 두 가닥을 두 줄 꼬기로 매듭지어 준다.

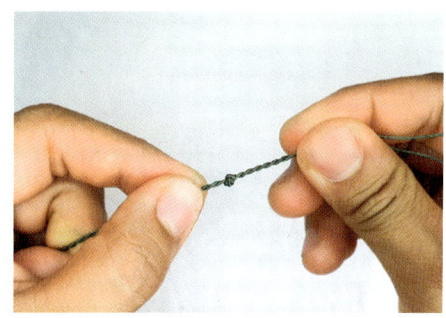

10. 팔찌의 총 길이가 손을 통과하는 길이가 될 때까지 양쪽에 두 줄을 꼬아준 후 끝부분을 묶어준다.

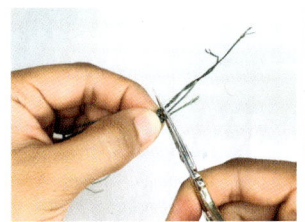

11. 팔찌 메인 부분과 끝부분의 남은 실을 자르고 녹여 마감해 준다.

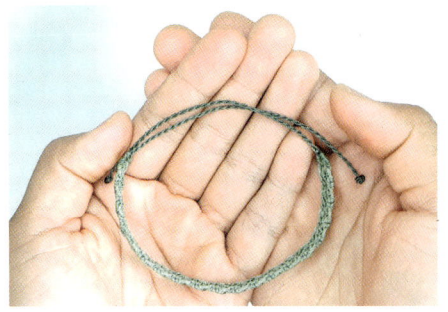

12. 팔찌를 동그란 모양으로 만들어 양쪽 끝이 겹쳐지게 한다.

13. 자투리 실로 겹쳐진 두 줄을 묶어 평매듭을 지어준다.

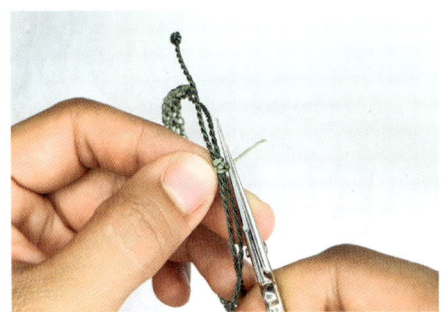

14. 남은 실을 자르고 녹여 마감해 준다.

15. 동글동글한 모양의 8자 매듭 팔찌가 완성되었다.

tip

색을 섞어 만드는 8자 꽃무늬 팔찌

같은 무늬의 팔찌라도 색상을 다르게 배치하면 또 다른 느낌을 연출할 수 있다. 8자 매듭 팔찌도 같은 매듭법이지만 여러 색상을 섞어 꽃무늬 팔찌로 만들 수 있다. 맨 처음 여섯 가닥의 실을 고정판에 고정해 줄 때 가장 바깥의 두 가닥의 실을 배경색, 가장 안쪽의 중심 줄 두 가닥을 꽃술 색, 배경색과 꽃술 색 사이의

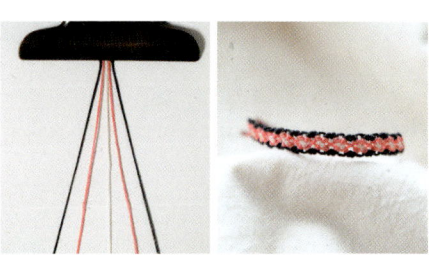

실을 꽃잎 색으로 정하고 배치한 뒤 같은 방법으로 매듭을 지어주면 된다.

작고 예쁜 V 매듭 반지

 V 매듭 반지는 이어엮기법의 매듭 순서를 변형해 V자 모양을 만들어가
는 매듭 반지이다. 매듭 반지는 간단히 만들 수 있고 대중성이 있어 작품
에 대한 접근성을 높이기 쉽고 가볍게 선물하기에도 좋은 아이템이다.
한 디자인이더라도 세 가지 색상을 다양하게 조합해 다양한 작품 구성이
가능하다.

- 고정판, 집게, 가위, 라이터
- 폴리 왁스실 0.7mm 40cm 서로
  다른 색상의 실 세 가닥

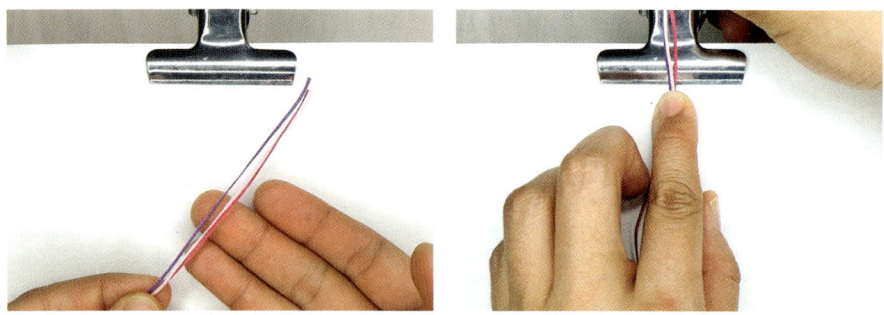

1. 세 가닥의 실을 7cm 남긴 지점을 집게로 집어 고정판에 고정시킨다.

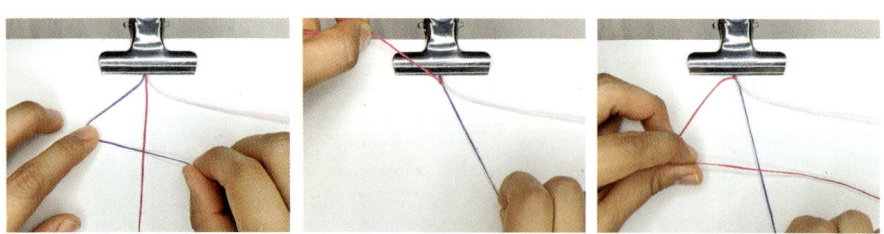

2. 왼쪽의 두 가닥을 먼저 매듭지을 것이다. 가장 왼쪽 실을 중심 줄, 가운데 실을 엮는 줄로 해서 이어엮기법으로 매듭지어 준다.

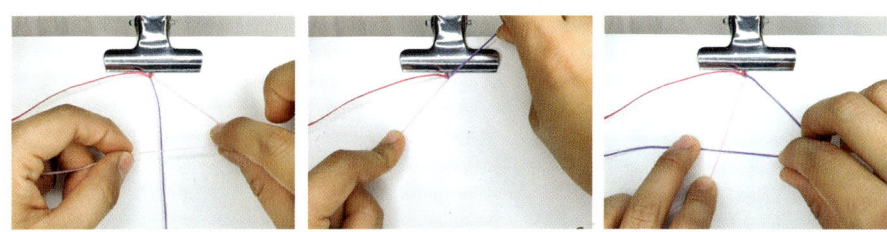

3. 이번에는 가장 오른쪽 실을 중심 줄, 가운데 실을 엮는 줄로 해서 이어엮기법으로 매듭짓는다.

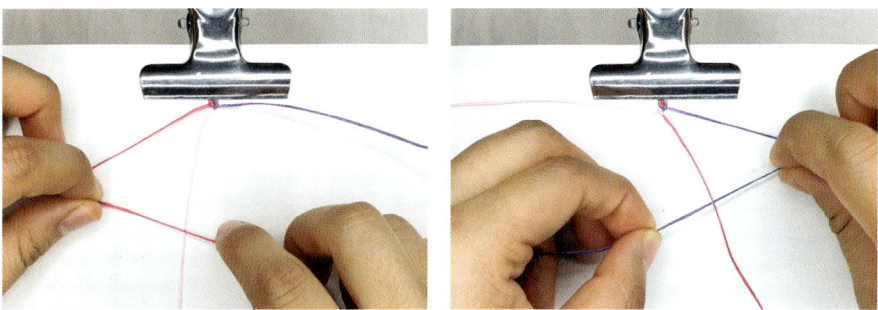

4. ②～③을 반복해서 매듭짓는다.

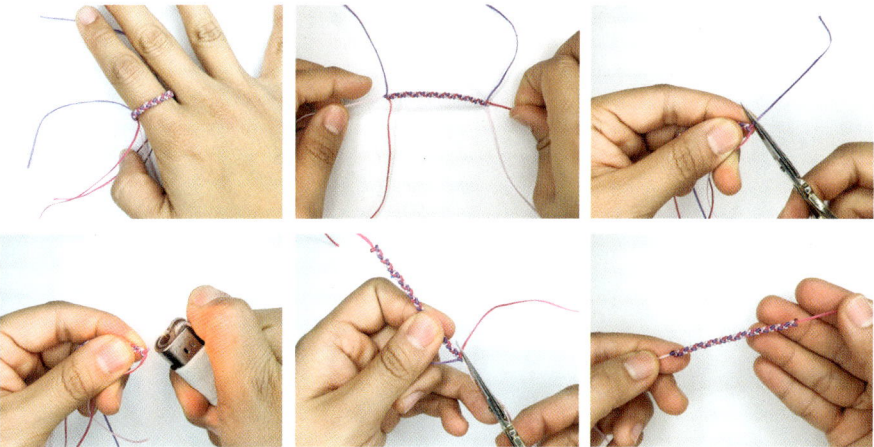

5. 매듭이 손가락 둘레만큼의 길이가 되었을 때 가운데 한 가닥만을 남기고 양옆의 두 줄을 자르고 녹여 마감해 준다.

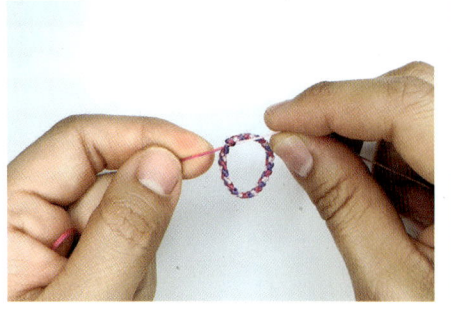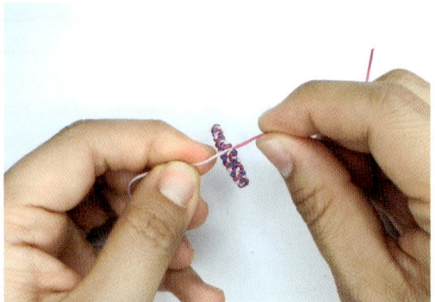

6. 매듭 양 끝의 남은 줄끼리 두 번 묶어 준다.

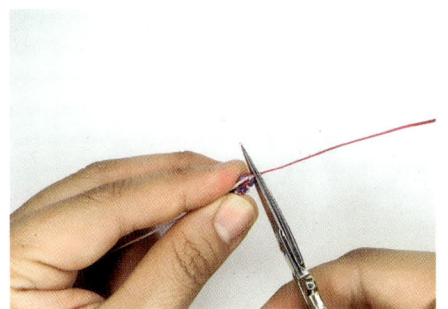

7. 남은 실을 자르고 녹여 마감한다. 녹인 실을 접착제처럼 이용해 매듭과 잘 붙여 마무리해준다.

8. V 매듭 반지가 완성되었다.

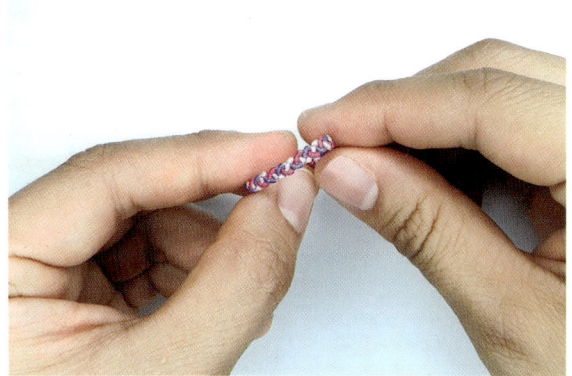

래핑 매듭을 이용한 싱글 래핑 목걸이 펜던트

래핑 매듭을 이용하면 원석을 예쁘게 감쌀 수 있어 보다 세련되고 멋진 액세서리를 만들 수 있다. 무엇보다 래핑 매듭은 원석의 모양이 하트, 마

름모, 네모 등 어떤 모양이든 상관없이 감쌀 수 있어 더욱 매력적이다. 매듭으로 폭을 조절해가면서 래핑하면 모양이 달라도 다 래핑이 가능하다.

　여기서는 기본 래핑 매듭법을 익힌 다음, 캐보션 형태로 가공된 원석을 래핑 매듭으로 한 번 감싸주어 목걸이 펜던트를 함께 만들어 보자. 같은 래핑 매듭법으로도 원석을 어떻게 세팅하느냐 혹은 마무리에 어떤 디자인 변형을 주느냐에 따라 무궁무진하게 다양한 작품을 만들 수 있다. 원석과 매듭을 잘 조화시키면 멋지고 아름다운 작품이 탄생한다.

래핑 매듭법 기본

래핑 매듭법은 마크라메 액세서리의 품격을 높여줄 수 있는 유용한 매듭법이다. 원석을 감쌀 때 원석의 두께만큼의 폭을 일정하게 유지하며 매듭을 짓는 것이 관건이다. 사실 복잡해 보여도 막상 해보면 아주 기본적인 방법이 반복되는 것이니 부담을 내려놓아도 좋다.

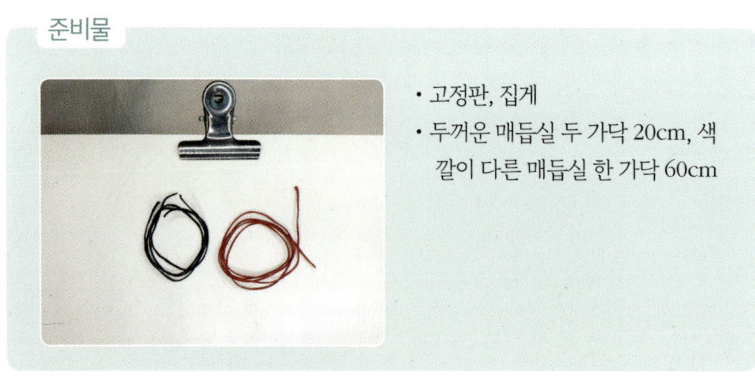

준비물

· 고정판, 집게
· 두꺼운 매듭실 두 가닥 20cm, 색깔이 다른 매듭실 한 가닥 60cm

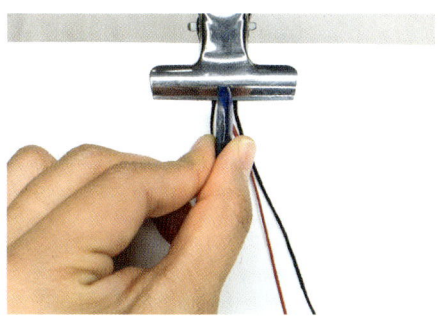

1. 같은 색상의 실 두 가닥 사이에 다른 색상의 실 한 가닥이 오도록 위치시키고 고정판에 집게로 고정시킨다.

2. 여기에서 같은 색상 두 가닥을 중심 줄, 한 가닥의 긴 줄을 엮는 줄이라고 부르겠다. 중심 줄 사이의 간격을 감싸려는 원석의 옆면 두께만큼 조절해준다.

3. 먼저 왼쪽 중심 줄 아래로 엮는 줄을 사진과 같이 위치시켜 준다.

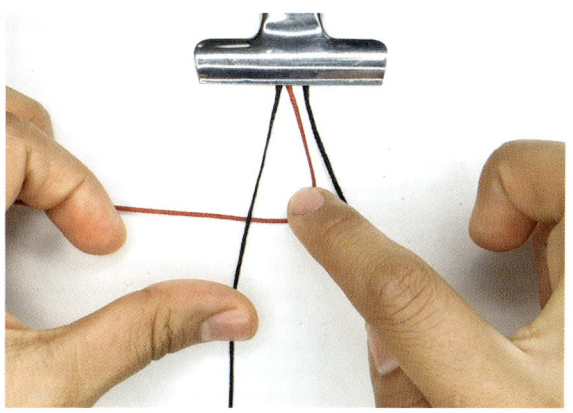

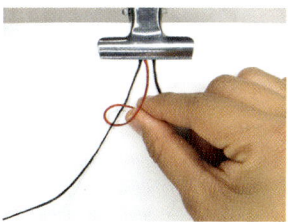

4. ③에서 자연스럽게 생긴 구멍으로 엮는 줄의 끝을 빼서 당겨준다. 엮는 줄을 당기는 방향은 항상 중심 줄 두 가닥 사이인 안쪽 방향이어야 한다.

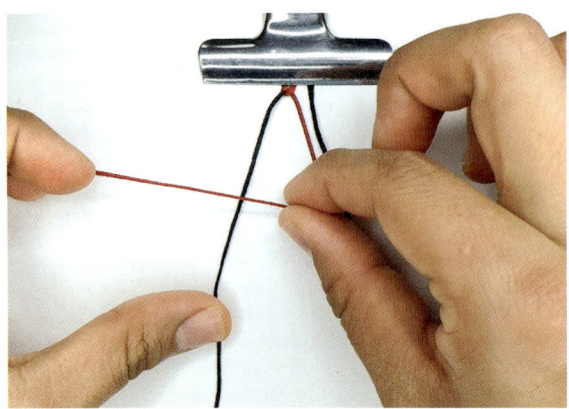

5. 왼쪽 중심 줄 위에 엮는 줄을 위치시
킨다.

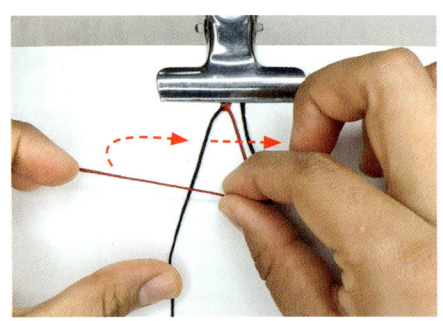

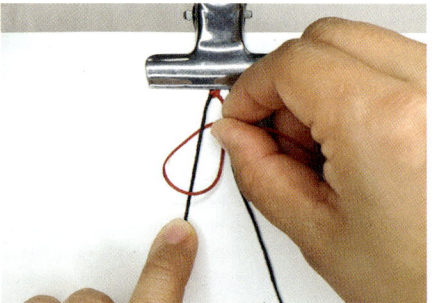

6. ⑤에서 자연스럽게 생긴 구멍으로 엮는 줄의 끝을 빼서 당겨준다.

7. 이번에는 오른쪽
중심 줄 아래로 엮
는 줄을 사진과 같
이 위치시킨다.

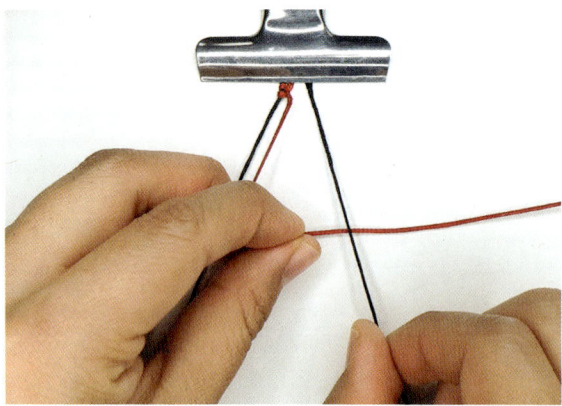

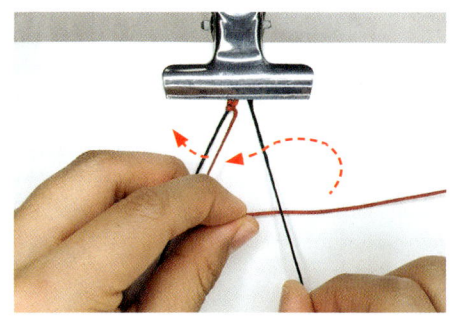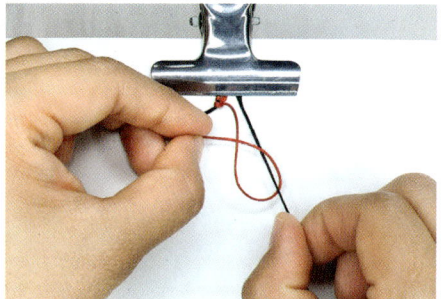

8. ⑦에서 자연스럽게 생긴 구멍으로 엮는 줄의 끝을 빼서 당겨준다.

9. 오른쪽 중심 줄 위
에 엮는 줄을 위치시
킨다.

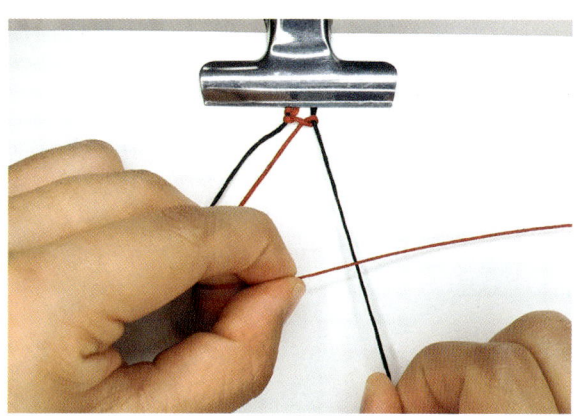

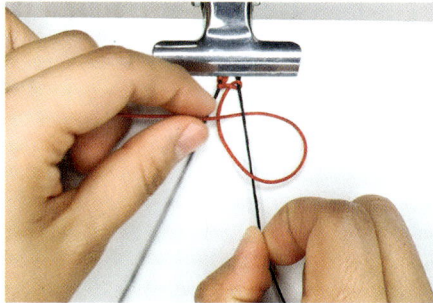

10. ⑨에서 자연스럽게 생긴 구멍으로 엮는 줄의 끝을 빼서 당겨준다.

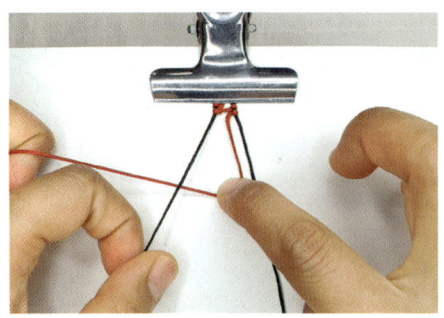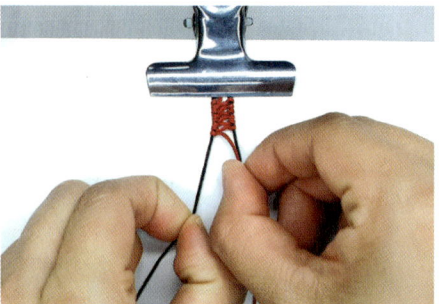

11. ③～⑩과정을 반복해서 매듭지어 주면 래핑 매듭 완성이다. 이때 두 중심 줄 사이의 간격이 좁아지거나 넓어지지 않도록 주의하며 매듭지어 준다.

싱글 래핑 목걸이 펜던트 만들기

목걸이의 펜던트가 무엇인가에 따라 목걸이의 분위기는 확 달라진다. 영롱한 자태를 뽐내는 캐보션 원석을 매듭을 이용해 멋진 펜던트를 만들 수 있다. 원석 자체의 매력에 매듭이 갖고 있는 매력이 더해지면 그야말로 금상첨화가 따로 없다. 매듭만으로 원석이 빠지지 않도록 잘 감싸는 것이 포인트이다.

준비물

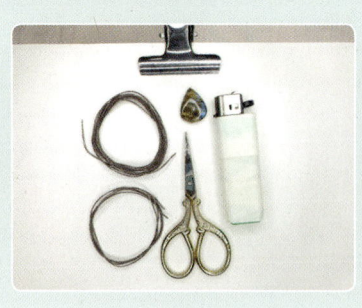

- 고정판, 집게, 가위, 라이터
- 린하시타 남미실 0.7mm 30cm 두 가닥(원석의 앞 뒷면을 감싸 줄 중심 줄), 150cm 한 가닥(중심 줄, 엮는 줄의 길이는 원석의 크기와 두께에 따라 달라진다)
- 약 15*20mm 캐보션 원석

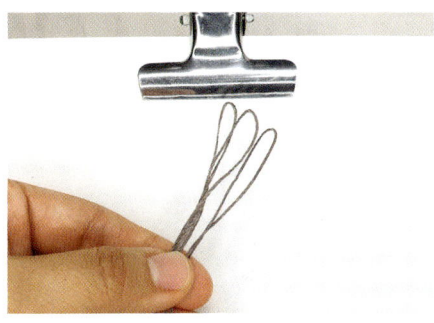

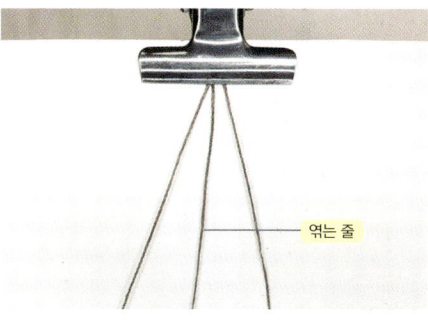

1. 모든 실을 반으로 접어준다. 실을 반으로 접어 시작하는 이유는 실의 중앙 부분부터 반씩 매듭지어 주어 원석을 감싸줬을 때 양쪽에 남는 실 길이가 비슷하게 하기 위해서이다.

2. 반으로 접은 실의 중앙 부분을 집게로 고정판에 고정시킨다. 우선 접은 실의 반부터 매듭을 지어줄 것이므로 헷갈리지 않게 반대쪽 실 부분은 보이지 않게 집게로 집어둔다. 매듭을 지을 실은 중심 줄 두 가닥 사이에 긴 엮는 줄 한 가닥이 오도록 실을 위치시켜 준다.

엮는 줄

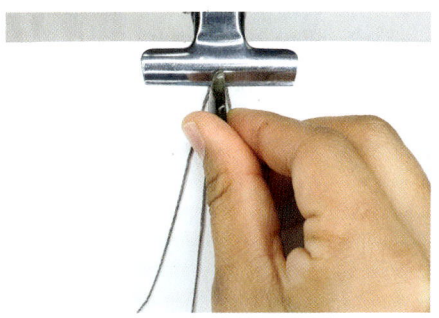

3. 중심 줄 두 가닥 사이의 간격을 원석 옆면의 폭과 맞춰준다. 래핑 매듭으로 원석을 감싸줘야 하므로 간격이 너무 좁지 않게 주의해 준다.

4. 먼저 왼쪽 중심 줄 아래로 엮는 줄을 사진과 같이 위치시킨다.

 tip

원석을 잘 감쌀 수 있는 두께 조절법

개인적으로 두께에 딱 맞춰 매듭을 지었을 때 원석이 빠지지 않으면서도 잘 감싸줄 수 있어 좋다. 하지만 처음에는 원석이 빠지지 않도록 감싸주는 것이 어렵기 때문에 두께를 넉넉하게 해서 래핑을 해주고 연습을 하면서 점차 좁혀나가는 것이 좋다. 래핑 매듭은 방법 자체는 어렵지 않지만 단단하게 원석을 감싸주기까지 연습이 많이 필요하다.

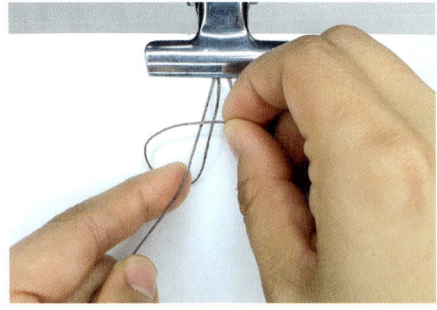 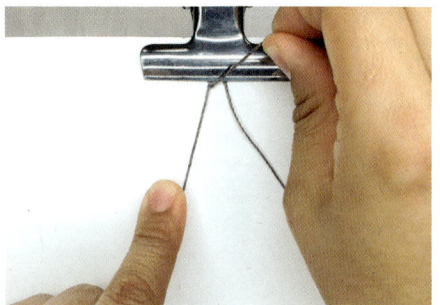

5. ④에서 자연스럽게 생긴 구멍으로 엮는 줄의 끝을 빼서 당겨준다. 엮는 줄을 당기는 방향은 항상 중심 줄 두 가닥 사이인 안쪽 방향이다.

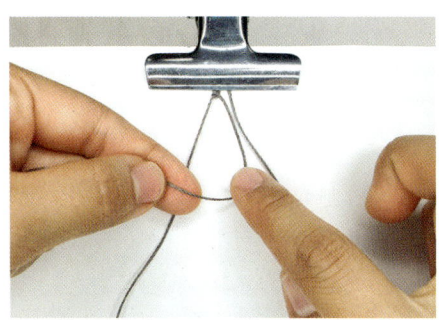 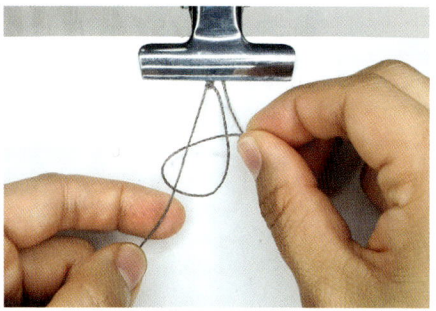

6. 왼쪽 중심 줄 위에 엮는 줄을 위치시킨다.

7. ⑥에서 자연스럽게 생긴 구멍으로 엮는 줄의 끝을 빼서 당겨준다.

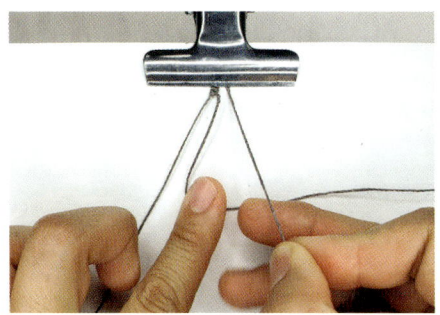 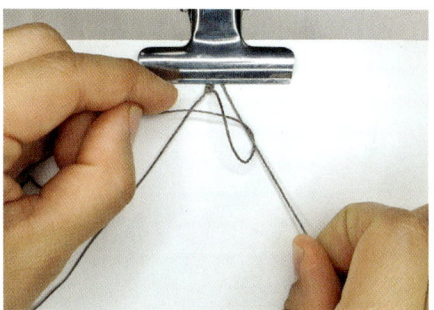

8. 이번에는 오른쪽 중심 줄 아래로 엮는 줄을 사진과 같이 위치시킨다.

9. ⑧에서 자연스럽게 생긴 구멍으로 엮는 줄의 끝을 빼서 당겨준다.

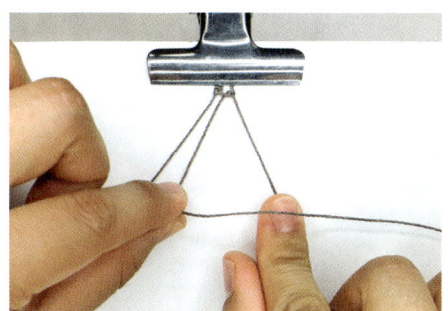

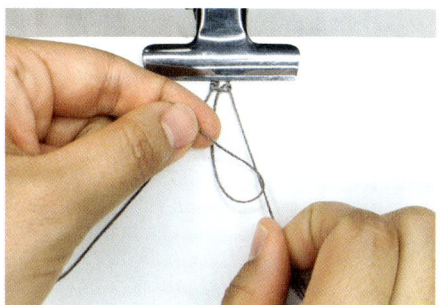

10. 오른쪽 중심 줄 위에 엮는 줄을 위치시킨다.

11. ⑩에서 자연스럽게 생긴 구멍으로 엮는 줄의 끝을 빼서 당겨준다.

12. ④~⑪과정을 반복해서 매듭지어 주면 래핑 매듭 완성이다. 이때 두 중심 줄 사이 의 간격이 좁아지거나 넓어지지 않도록 주 의하며 매듭지어 준다.

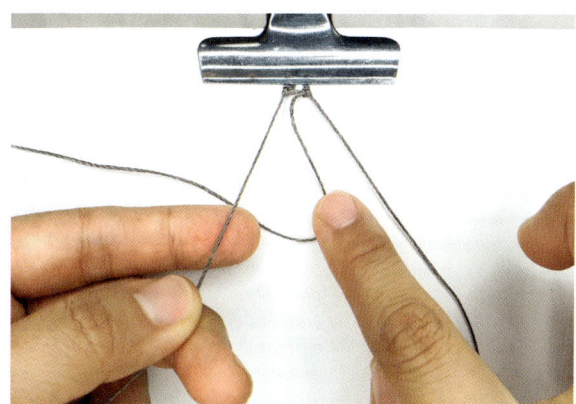

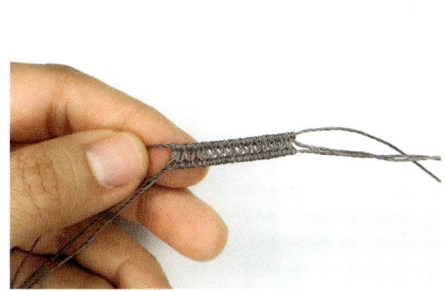

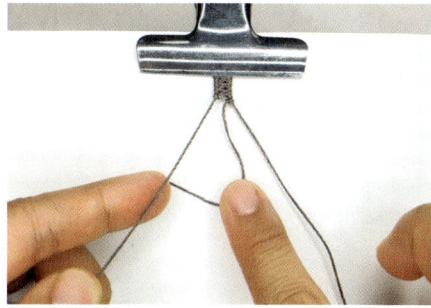

13. 원석 둘레의 반 정도를 매듭지었으면 방향을 바꿔 나머지 반을 더 매듭지어 준다.

래핑 매듭 안쪽과 바깥쪽 구분하기

래핑 매듭을 하다 보면 한쪽은 매듭 묶음이 보이고, 다른 한쪽은 보이지 않는다. 매듭의
묶음이 보이는 면이 래핑 매듭의 바깥쪽이고, 매듭지어진 것이 보이지 않는 면이 원석과
맞닿는 안쪽이다. 래핑 매듭을 지을 때 우리가 바라보는 면은 안쪽 면이다. 뒤집어 매듭지
을 때에도 안쪽이 보이도록 집게로 집어서 매듭을 이어나갈 수 있도록 주의해야 한다.

레핑 매듭의 안쪽

레핑 매듭의 바깥쪽

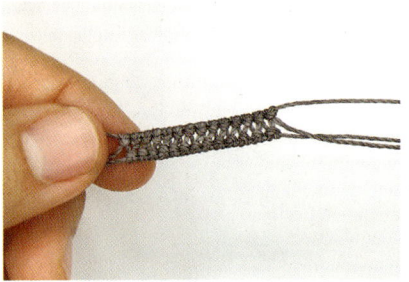

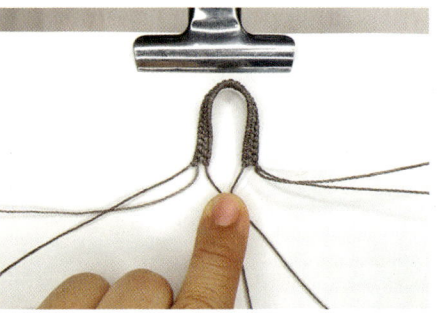

14. 원석의 둘레 길이만큼 될 때까지 래핑 매듭을 지어준 후
매듭의 길이가 충분한지 확인한다.

15. 먼저 원석의 뒷면을 감싸줄 중심 줄끼리 매듭을 지어준
다. 뒷면의 중심 줄이 만날 수 있도록 매듭 모양을 동그랗게
잡아 집게로 고정시킨다.

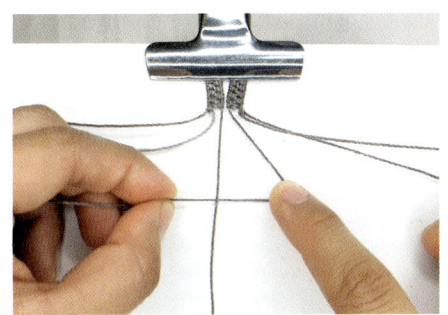 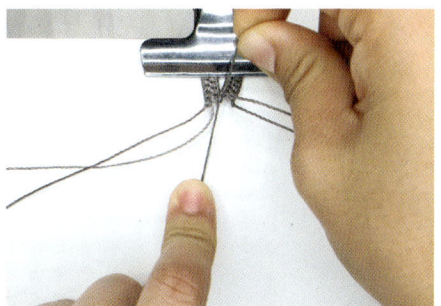

16. 뒷면의 중심 줄끼리 이어엮기법으로 매듭짓는다.

 tip

래핑 매듭 시작한 중심 줄에서 매듭을 끝내야 하는 이유

래핑 매듭을 할 때는 엮는 줄이 매듭을 짓기 시작한 중심 줄에서 매듭을 끝낼 수 있도록
해준다. 이렇게 해야 하는 이유는 펜던트의 앞쪽을 장식하는 매듭을 지을 때 엮는 줄을
사용해주기 위해서이다. 엮는 줄의 시작과 끝에 엮어준 중심 줄은 원석의 앞면을 감싸는
중심 줄이다.

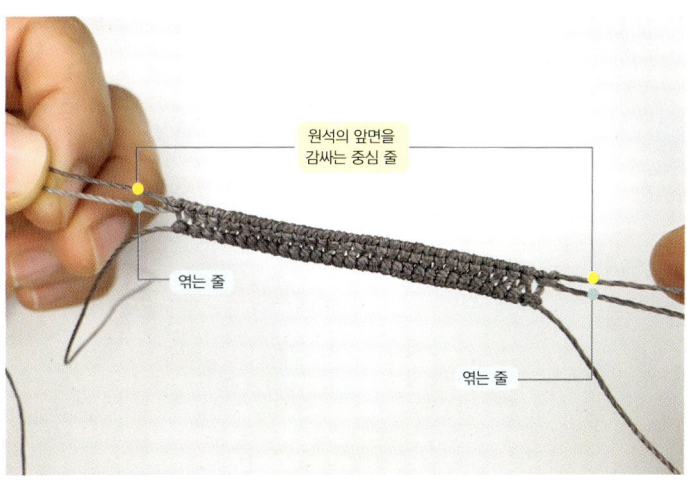

원석의 앞면을
감싸는 중심 줄

엮는 줄

엮는 줄

17. 래핑 매듭이 원석을 잘 감싸도록 래핑 매듭에 원석을 넣은 후 모양을 잡아준다.

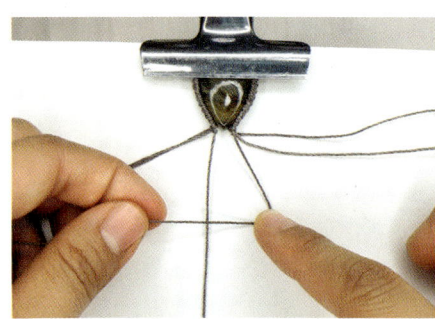

18. 원석을 집게로 집어준 후 앞쪽의 중심 줄 끼리 이어엮기법으로 매듭지어 준다.

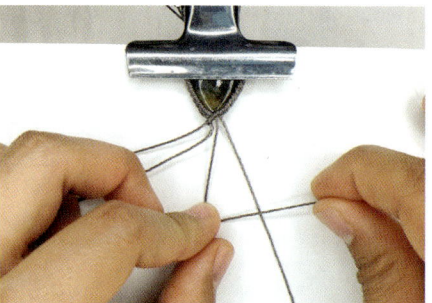

19. 원석 앞면의 네 줄로 8자 매듭을 지어줄 것이다(8자 매듭은 94~96쪽 참고). 먼저 안쪽 실을 중심 줄, 바깥쪽 실을 엮는 줄로 해서 'ㅅ'자 모양으로 이어엮기법으로 매듭지어 준다.

**뒷면을 감싸는 중심줄 두 가닥
따로 빼기**

지금껏 여섯 가닥의 실로 래핑 매
듭을 했는데, 마무리를 할 때는 뒷
면을 감싸는 중심 줄 두 가닥을 빼
고 앞의 네 가닥만 사용한다. 이때
헷갈리지 않게 원석 뒷면을 감싸는
중심 줄을 따로 빼서 집게로 함께
집어주면 편하게 작업할 수 있다.

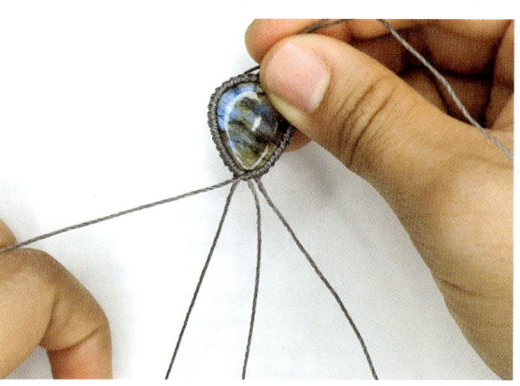

20. 이번에는 바깥 쪽 실을 중심 줄로 해서 안쪽의 엮는 줄과 'V'자 모양으로 매듭지어 준다.

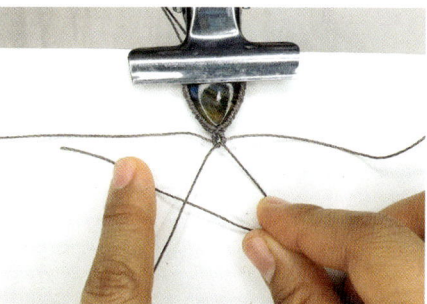

21. 마지막으로 중앙에서 만난 중심 줄끼리 이어엮기법으로 매듭지어 동그라미 모양을 완성해준다.

래핑매듭으로 다양한 재료 감싸기

래핑매듭이 매력적인 이유는 다양한 형태의 재료를 큰 어려움 없이 감쌀 수 있기 때문이다. 형태가 잘 가공된 캐보션이 아니더라도 다양한 재료로 목걸이 제작을 요청하는 분들이 많다. 키우던 반려견의 메모리얼 스톤, 아끼는 조개, 레진공예를 이용해 만든 펜던트 등 매듭을 짓다보면 둘레가 일정하지 않은 재료들도 래핑해야 하는 경우가 생긴다.

매듭으로 감싸려는 대상의 둘레의 폭이 일정하지 않을 때는 래핑 매듭의 폭을 감싸려는 재료에 맞춰 특정 부분은 더 넓어지거나 더 좁아지게 매듭을 지어야 한다. 그러기 위해서는 매듭을 짓는 중간 중간 둘레를 감싸면서 둘레를 확인하며 매듭을 지어주는 것이 중요하다.

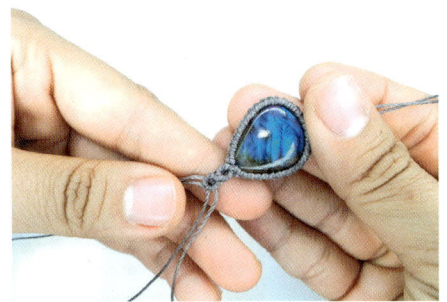

22. 8자 매듭을 2회 이상 취향에 따라 지어준 후 펜던트를 마감한다. 앞면의 매듭을 짓는 동안 헐거워진 뒷면의 중심 줄 끼리의 매듭을 한 번 더 조여준다.

23. 8자 매듭을 뒷면의 중심 줄과 나란히 놓아준 뒤 사진과 같이 집게로 고정시킨다.

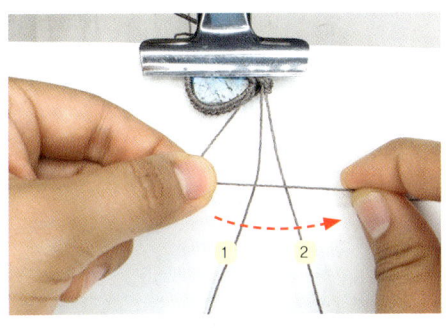

24. 뒷면의 중심 줄로 두 가닥의 실을 순서대로 엮어준다.

25. 반대쪽도 똑같이 매듭지어 준다.

26. 남은 실을 자르고 녹여 마무리 한다.

27. 싱글 래핑 펜던트가 완성되었다. 목걸이 줄을 만들어 완성하고 싶다면 154쪽을 참고하면 된다.

실/전/팁

원석이 빠지지 않는 단단한 원석 래핑 방법

원석을 이용해 액세서리를 만들 때는 원석이 빠지지 않도록 단단하게 매듭을 지어주는 것이 중요하다. 특히 작품을 판매하려고 생각한다면 더더욱 단단하게 원석을 감싸주어야 한다. 혹시라도 래핑이 헐거워 원석이 빠지기라도 한다면 그저 연습 삼아 만들어본 아마추어의 습작일 뿐, 판매는 언감생심이다.

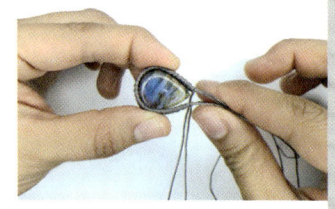

Step1_ 매듭 사이 간격은 최대한 촘촘하게 : 래핑 매듭법으로 매듭을 지은 후 본격적으로 원석을 감싸주기에 앞서 래핑을 단단하게 하려면 매듭 사이의 틈이 없도록 매듭 사이의 간격을 좁혀준다.

Step2_ 원석을 충분히 감쌀 수 있도록 매듭 지어주기 : 좁힌 뒤에 다시 한 번 원석을 감쌀 매듭 길이가 충분한지 확인하고 부족하면 조금 더 지어준다.

Step3_ 계속 손으로 만져가며 모양 만들기 : 매듭으로 원석을 감싸준 이후에 래핑의 완성도를 높이기 위해 매듭이 원석을 잘 감쌀 수 있도록 계속해서 모양을 손으로 만져준다. 필요하다면 앞뒤의 중심 줄 매듭을 더 조여준다.

Step4_ 앞뒤의 중심 줄 잘 매듭지어 주기 : 힘을 많이 줄 필요는 없지만 앞뒤 줄 중심 줄을 잘 매듭지어 주어야 한다.

이 팁들을 잘 활용하면 단단하게 래핑을 할 수 있을 것이다. 하지만 첫술에 배부를 수 없다. 원석이 빠지는 이유는 래핑 매듭 간격이 너무 좁거나 매듭 개수가 많아서일 수도 있는 것처럼 상당히 복잡하기 때문에 팁을 활용해도 마음대로 안 되기 쉽다. 나도 래핑 매듭을 단단히 하기까지 수개월을 연습했다. 요령이 필요한 작업이라 연습하며 감을 익히는 것이 중요하다.

자투리실로 만드는 모자이크 매듭 팔찌

 작품을 만들다 보면 버리기엔 왠지 아깝지만 반지 같은 작품을 만들 때 사용하기에도 짧은 자투리실이 남는다. 작업하는 작품의 개수가 많아질수록 이런 자투리실도 쌓여만 간다. 모자이크 매듭 팔찌는 '이런 자투리실을 버리지 않고 작품으로 탄생시킬 수 있다면 얼마나 좋을까' 하는 생각에 만들어낸 팔찌이다. 별다른 패턴의 매듭법이나 색 배열의 원칙 없이 남은 실로 같은 방식의 매듭만 반복하면 된다. 사용하는 자투리실의 길이가 제각각이어도 멋드러진 작품이 만들어지기 때문에 작업 과정이 즐겁고 만족도도 높다.

일반적으로 깔끔하게 남은 실을 마무리하는 여타의 작품과 달리 매듭을 짓고 남은 자투리실을 그래도 남겨둬도 그 자체로 다소 투박한 매력이 느껴지는 팔찌이다. 자투리실을 해결하기 위해 만든 여러 작품 중 하나이지만 고객들에게도 생각보다 많은 인기를 끌었던 작품이다.

준비물

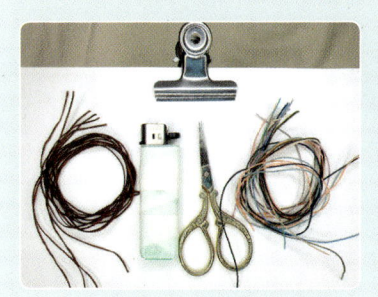

- 고정판, 집게, 가위, 라이터
- 린하시타 남미실 0.7mm 자투리실 여러 가닥(매듭지을 수 있는 길이면 충분하다. 약 10cm 이상), 45cm*6가닥(팔찌 중심 줄 및 길이 조절 부분의 색상이다. 실의 가닥수에 따라서 팔찌의 두께 조절이 가능해 얇거나 두꺼운 두께의 팔찌를 취향에 따라 선택해 만들 수 있다)

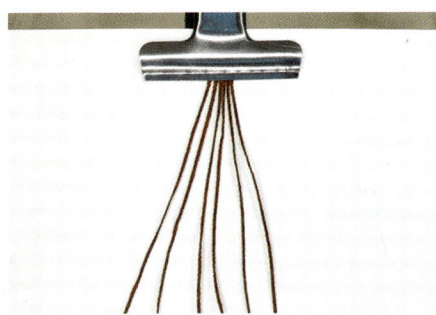

1. 45cm 실 여섯 가닥의 끝을 맞춰 잡고 12cm를 남긴 지점을 집게로 집어 고정판에 고정시킨다.

2. 여섯 가닥의 왼쪽에 자투리실의 끝부분을 집게로 고정해준다. 자투리실이 엮는 줄, 여러 가닥의 45cm 실이 중심 줄 역할을 한다고 생각하고 매듭지으면 편하다. 이어엮기법의 일종이지만 처음에는 익숙하지 않아 헷갈릴 수 있으니 첫 자투리실은 20cm가량의 긴 실로 준비할 것을 추천한다.

3. 왼쪽에서 오른쪽 방향으로 순서대로 매듭을 지어준다. 첫 번째 중심 줄을 엮는 줄인 자투리실 위에 올려서 시작한다.

4. 자연스럽게 생긴 구멍으로 엮는 줄을 빼준다. 이때 중심 줄은 수직 방향으로 당겨 팽팽하게 해준 뒤 엮는 줄을 당겨준다. 엮는 줄을 당겨주는 방향은 매듭을 지어나가는 방향인 오른쪽 방향이다.

5. 이번에는 엮는 줄을 중심 줄 위에 올려준다.

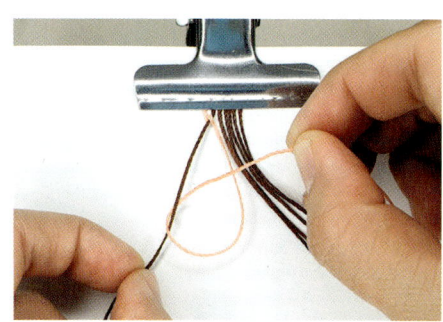

6. 자연스럽게 생긴 구멍으로 엮는 줄을 빼준다. 엮는 줄을 매듭을 지어나가는 방향인 오른쪽 방향으로 당겨준다.

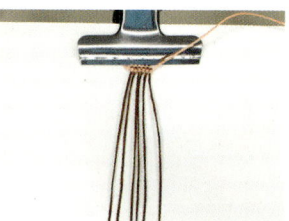

7. 나머지 중심 줄도 같은 방법으로 엮어준다. 이전에 지은 매듭과 새로 짓는 매듭 사이의 간격이 벌어지지 않도록 조심하면서 매듭을 지어준다.

8. 마지막인 맨 오른쪽 중심 줄까지 엮어 줬으면 이제 엮는 줄의 방향을 바꿔 오른쪽에서 왼쪽 방향으로 엮을 차례이다. 오른쪽에서 첫 번째 중심 줄을 엮는 줄인 자투리실 위에 올려서 시작한다.

9. 자연스럽게 생긴 구멍으로 엮는 줄을 빼준다. 엮는 줄을 당겨주는 방향은 매듭을 지어나가는 방향인 왼쪽 방향이다.

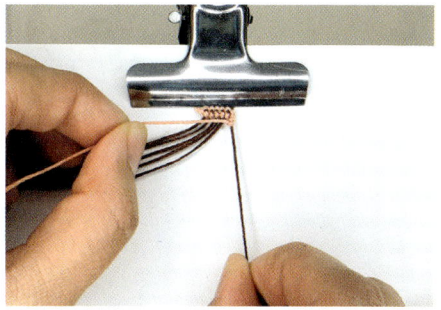

10. 이번에는 엮는 줄을 중심 줄 위에 올려준다.

11. 자연스럽게 생긴 구멍으로 엮는 줄을 빼준다. 엮는 줄을 매듭을 지어나가는 방향인 왼쪽 방향으로 당겨준다.

12. 엮는 줄이 짧아져 더 이상 매듭짓지 못할 때까지 매듭을 이어나간다. 혹은 임의로 원할 때 다른 색 실로 이어서 매듭지을 수도 있다. 실이 짧아 매듭이 끊긴 부위부터 다른 색 실을 추가해 똑같이 이어나가면 된다. 먼저 이어나갈 실을 집게로 집어 고정시켜준다.

13. 이어나갈 실을 그 다음 엮을 차례인 중심 줄과 엮기 시작한다.

tip

자투리실의 끝과 처음을 팔찌의 뒷면으로 숨겨주기

자투리실로 팔찌를 만들 때 주의할 점은 이전에 매듭지은 실의 끝 부분과 새로 매듭짓기 시작한 실의 처음 부분이 팔찌의 앞면에서 보이지 않도록 뒤로 빼 주는 것이다. 새로 매듭짓기 시작한 실로 매듭을 하나 지은 뒤 실을 한 번 뒤로 넘겨 정리하고 매듭을 이어나가주면 된다.

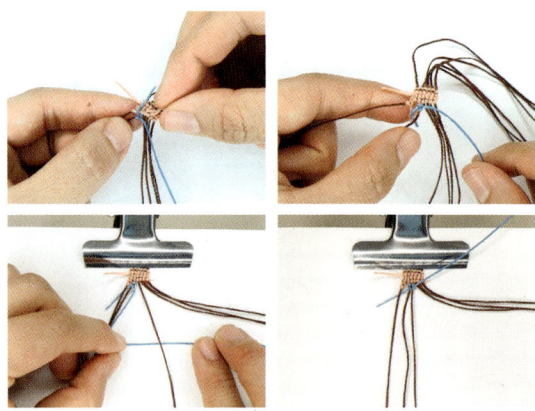

14. 충분하다고 생각되는 길이만큼 자투
리실을 활용해 매듭을 계속 지어준다.

15. 매듭을 충분히 다 지었으면 여섯 가닥의 중심 줄끼리 매듭을 한 칸 지어준다. 가장 왼쪽 실을 중심 줄로 해서 왼쪽에서
오른쪽 방향으로 매듭지어 준다. 이때 중심 줄을 팽팽하게 당겨주는 방향을 수평으로 해준다.

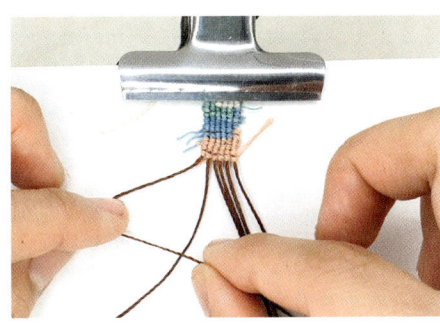

16. 반대쪽도 똑같이 매듭짓는다.

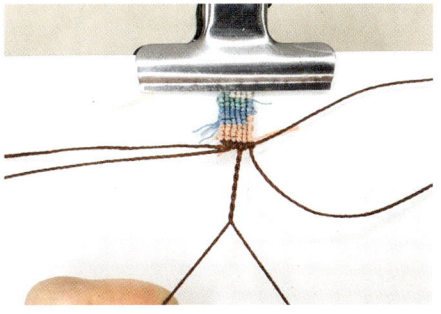

17. 팔찌의 길이 조절 부분 매듭을 지어줄 것이다. 여섯 가
닥의 실 중 가운데 두 가닥을 이용해 두 줄 꼬기로 매듭을
지어준다(취향에 따라 네 가닥을 이용해 네 줄 꼬기로 매듭
지어도 좋다).

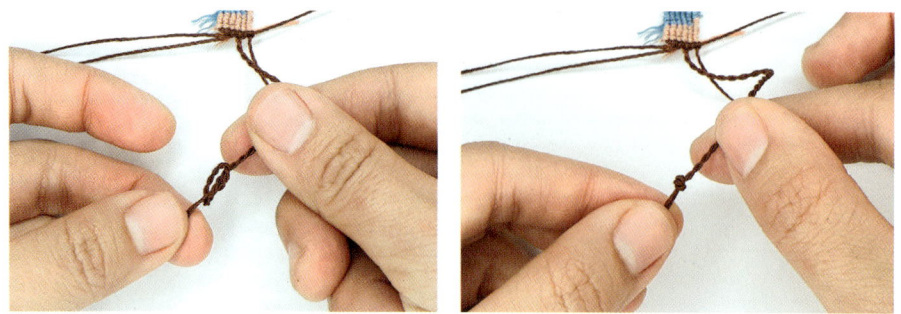

18. 충분한 길이로 매듭을 지었으면 끝부분을 한 번 묶어 마무리해 준다.

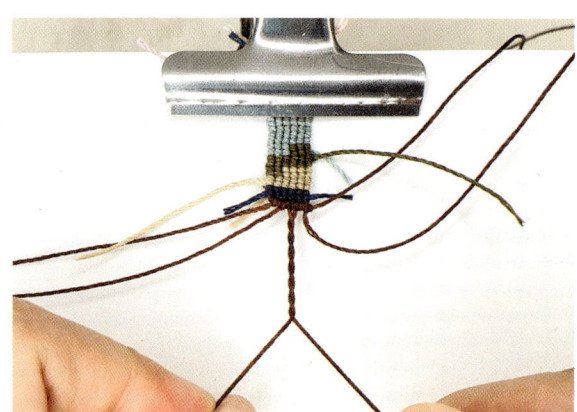

19. 반대쪽도 똑같이 해준다.

20. 필요 없는 실을 자르고 녹여 마무리해 준다.

21. 튀어나온 자투리실도 마무리해 준다. 이때 취향에 따라 자연스럽게 자투리실을 너무 길게 남은 부분만 조금 잘라 자연스럽게 마무리해 줘도 좋고, 깔끔하게 자투리실의 끝부분을 다 자르고 녹여 마무리해 줘도 좋다.

22. 팔찌를 동그란 모양으로 만들어 양쪽 끝이 겹쳐지게 한다.

23. 자투리실로 겹쳐진 두 줄을 묶어 평매듭을 지어준다.

24. 남은 실을 자르고 녹여 마감해 준다.

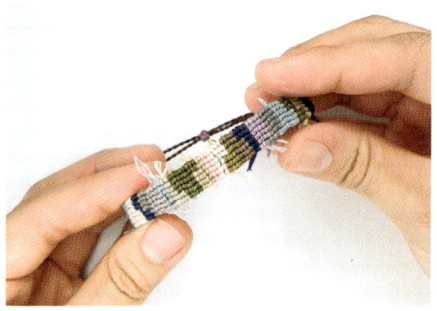

25. 자투리실을 활용한 모자이크 매듭 팔찌가 완성되었다.

4장

기본 매듭에
디자인을 더해
명품 만들기

3장에서 소개한 기본 매듭만으로도 얼마든지 작품을 만들 수 있지만 조금 더 디자인적인 요소를 가미한다면 더 멋지고 유니크한 작품을 만들 수 있다. 기본 매듭을 어떻게 응용하고, 어떤 부자재를 활용해, 어떤 모양의 액세서리를 만들 것인가는 창의력과 디자인 감각을 요구하는 일이다. 4장에서 소개하는 작품들은 실제로 조앤제주에서 판매하는 디자인 중 꾸준히 사랑받는 디자인들이다.

macrame 01

비즈로 포인트를 준 **동글 반지**

동글반지는 기본 8자 매듭을 이용해 만드는 반지이다. 포인트가 되는 비즈를 어떤 걸 배치하느냐에 따라 고급스러운 느낌부터 감각적이고 가벼운 느낌까지 다양한 분위기를 연출할 수 있다. 심플한 디자인에 커플링으로도 손색없는 반지이다. 마감 부분이 매듭으로 이루어져 있어 끊어질 일 없이 튼튼하며 마감 매듭의 무늬도 하나의 디자인적 요소가 될 수 있다.

준비물

- 고정판, 집게, 가위, 라이터
- 린하시타 남미실 0.7mm 30cm 두 가닥(중심 줄), 45cm 두 가닥(엮는 줄), 유리 비즈 3mm(내경 약 1.4mm) 1알

4 장 · 기본 매듭에 디자인을 더해 명품 만들기

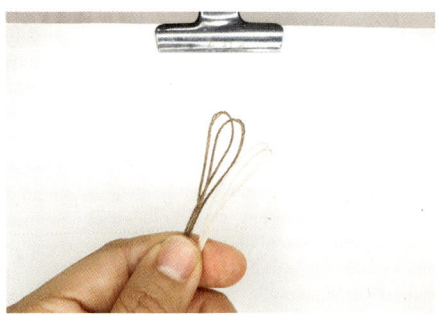
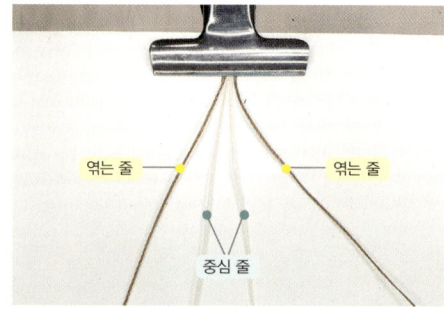

엮는 줄 ← → 엮는 줄

중심 줄

1. 모든 실을 반으로 접어 반으로 접힌 부분을 집게로 집어 고정판에 고정시킨다. 이때 중심 줄 두 가닥이 중앙에 오도록 위치시킨다. 이해를 돕기 위해 중심 줄과 엮는 줄의 색상을 구분해주었다. 브라운 계열의 실이 엮는 줄, 아이보리 계열의 실이 중심 줄이다.

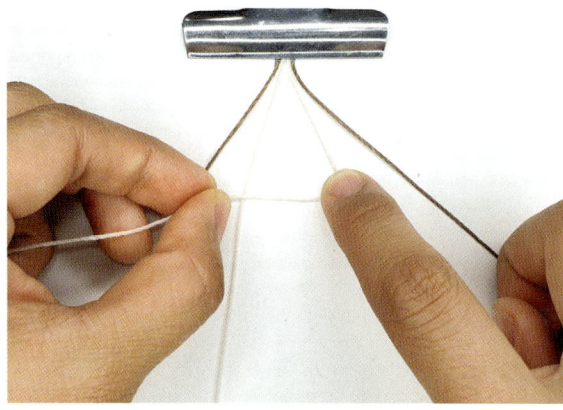

2. 중심 줄끼리 이어엮기법으로 엮는다.

3. 이제 중심 줄이 안쪽에서 바깥쪽 방향으로 향하도록 해서 'ㅅ'자 모양으로 매듭을 지어줄 것이다. 왼쪽 중심 줄을 가장 왼쪽의 엮는 줄과 이어엮기법으로 엮는다.

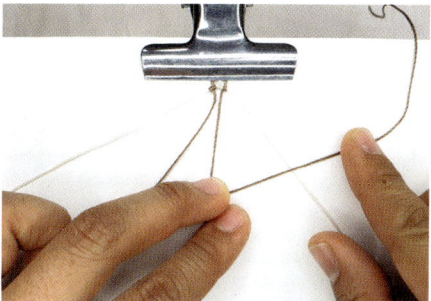

4. 오른쪽 중심 줄을 가장 오른쪽의 엮는 줄과 이어엮기법으로 엮는다.

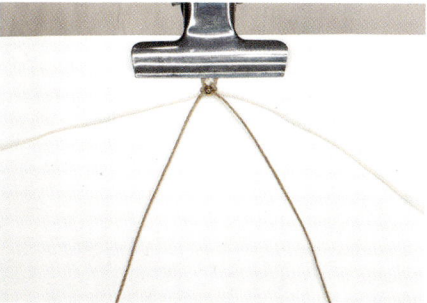

5. 엮는 줄 두 가닥에 교차해서 비즈를 끼운다. 비즈를 잘 끼우는 방법은 138쪽을 참조하면 된다.

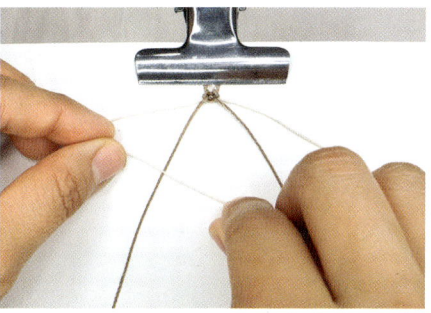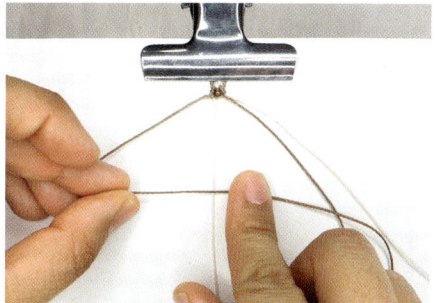

6. 이번에는 중심 줄이 바깥쪽에서 안쪽 방향으로 향하도록 해서 'V'자 모양으로 매듭을 지어줄 것이다. 왼쪽 중심 줄을 왼쪽에서 두 번째에 위치한 엮는 줄과 이어엮기법으로 엮어준다.

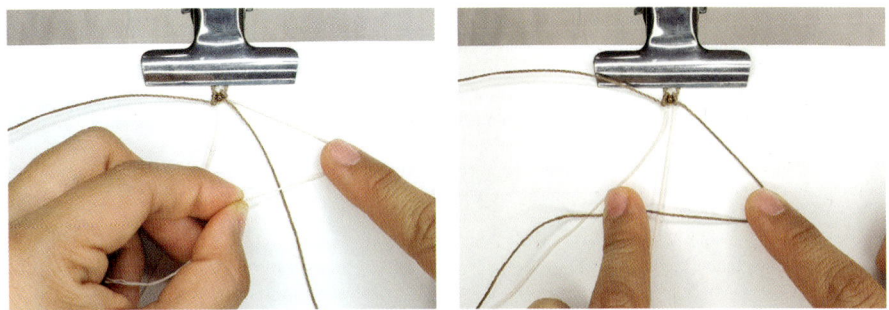

7. 오른쪽 중심 줄을 오른쪽에서 두 번째에 위치한 엮는 줄과 이어엮기법으로 엮어준다.

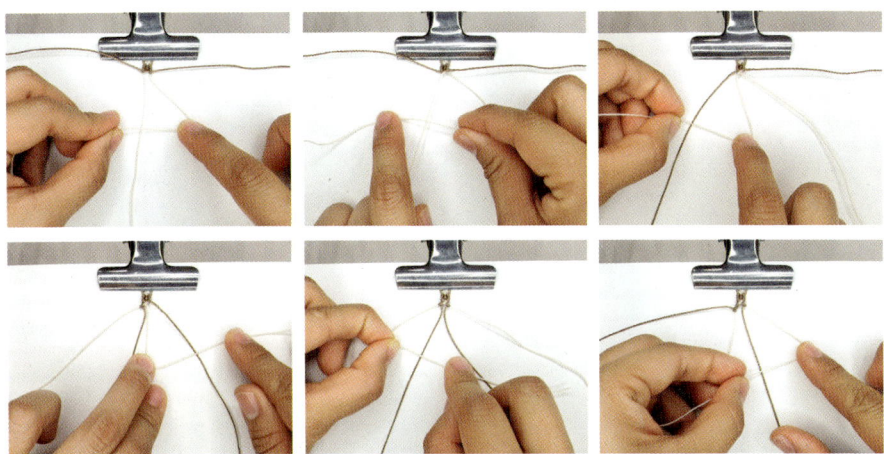

8. ②~⑦의 과정을 계속 반복한다(반복할 때 비즈를 넣는 과정은 생략한다).

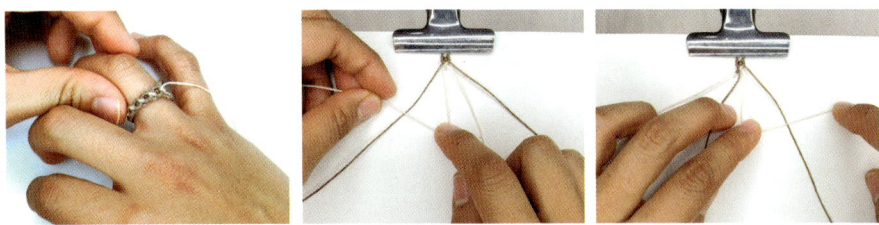

9. 손가락 둘레의 반을 매듭지었으면 반대쪽으로 방향을 바꿔 마저 매듭을 짓는다.

10. 손가락 둘레만큼 매듭을 지었으면 마무리 매듭을 지어줄 것이다. 매듭을 동그랗게 구부려 반지 모양을 만들어준다.

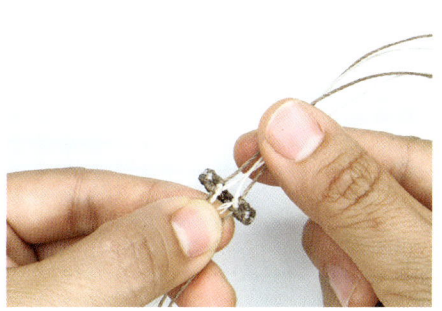
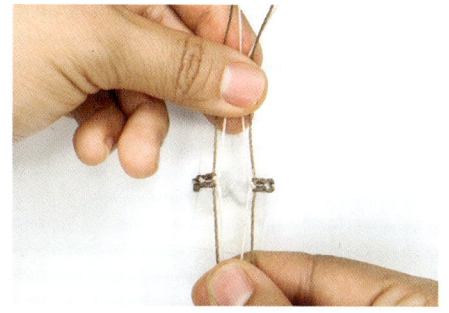

11. 양 끝의 실들이 마주보도록 반지 모양으로 구부려준 매듭을 고정판에 고정시킨다. 이때 실이 위 아래로 네 가닥씩 위치하도록 정리한다. 우선 헷갈리지 않게 위의 네 가닥 실을 집게로 집어놓는다.

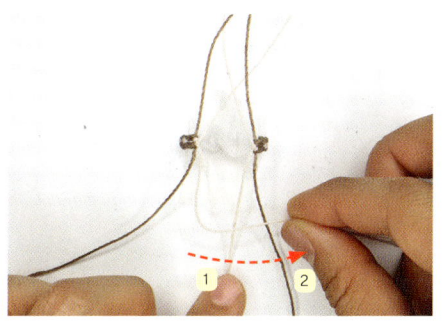

12. 왼쪽에서 두 번째 실을 중심 줄, 오른쪽의 두 가닥의 실을 엮는 줄로 해서 왼쪽에서 오른쪽으로 순서대로 이어엮기법으로 엮어준다.

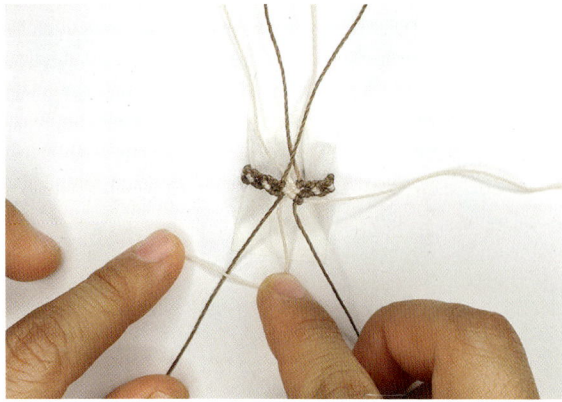

13. 왼쪽에서 두 번째 실을 중심 줄, 가장 왼쪽 실을 엮는 줄로 해서 이어엮기법으로 엮어준다.

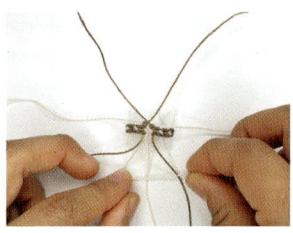

14. 반대쪽도 똑같이 매듭지어 준다.

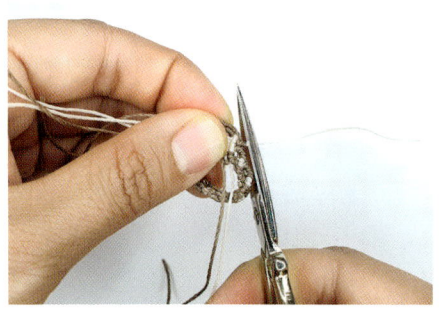

15. 남은 실을 자르고 녹여 마감한다.

16. 동글 반지가 완성되었다. 왼쪽은 비즈를 넣은 반지의 앞모습이고, 오른쪽은 이어엮기로 마무리한 뒷모습이다.

tip

원하는 사이즈로 매듭 반지 만들기

매듭으로 만든 작품은 사용하면서 사이즈가 약간 변할 수 있다. 매듭을 지을 당시 힘을 주어 단단히 고정하였던 매듭이 착용 후 시간이 지남에 따라 느슨해지면서 사이즈가 늘어날 수 있는 것이다. 그 정도가 크지 않기 때문에 팔찌나 목걸이에서는 큰 문제가 되지 않지만 반지의 경우 조금만 늘어나도 원하는 손가락에 반지를 끼기 힘들어질 수 있다.

이런 문제를 해결하기 위해 나는 매듭반지를 만들 때 중간 중간 매듭을 옆으로 늘려가며 매듭에 들어가 있는 힘을 조금씩 풀어준다. 착용하면서 생기는 늘어남을 최소화하기 위해 미리 힘을 풀어주는 작업을 하는 것이다. 이 때 많은 힘을 줄 필요는 없고 매듭을 지을 때 정도의 힘으로만 살짝 늘여주어도 충분하다. 매듭이 느슨해지는 정도도 육안으로 차이가 없는 정도이다.

반지를 제작할 때는 반지 사이즈 봉을 사용해 원하는 호수가 적혀있는 칸에 매듭을 둘러 사이즈를 체크해가며 제작한다. 이 때 마감 부분 매듭 공간을 염두에 두고 사이즈를 체크해주는 것이 중요하다. 반지를 마감해 준 뒤에 다시 한 번 반지 사이즈 봉에 반지를 넣어 호수를 체크해 준다. 매듭 반지는 힘을 주면 늘어나기 때문에 사이즈를 잴 때에도 정확하게 재기가 어렵다. 사이즈 봉을 이용해 사이즈를 측정할 때 힘을 많이 주어 반지를 밀어 넣으면 힘에 의해 일시적으로 늘어난 반지가 원래 사이즈보다 큰 호수로 잘못 측정이 될 수 있기 때문이다. 사이즈 봉에 반지를 넣을 때는 최대한 손에 힘을 빼고 반지를 밀어 넣어주면 정확한 사이즈를 잴 수 있다.

이렇게 주의해서 제작하더라도 착용 습관에 따라 1개 호수 정도는 늘어남이 있을 수 있다. 따라서 사전에 미리 공지하여 한 치수 작게 제작하는 것을 추천하는 것이 좋다.

비즈와 원석 잘 끼우는 방법

마이크로 마크라메의 부자재인 비즈와 원석에 실을 꿰기란 생각보다 쉽지 않다.
구멍이 생각보다 작기 때문이다. 이럴 때 다음과 같은 방법을 사용하면 조금은
수월하게 비즈나 원석을 끼울 수 있다.

1. 실의 끝을 사선으로 잘라준다.

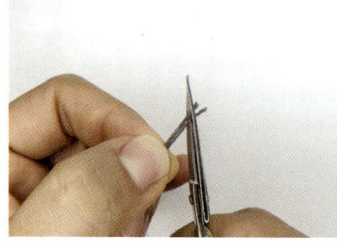 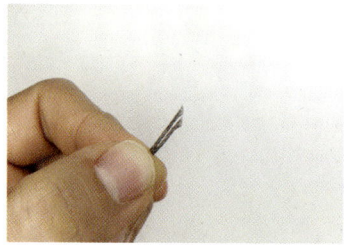

2. 실의 끝을 모아준다. 실에 묻어있는 왁스 성분으로 인해 실의 끝이 단단해지며 모인다.

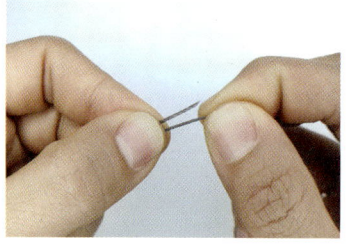 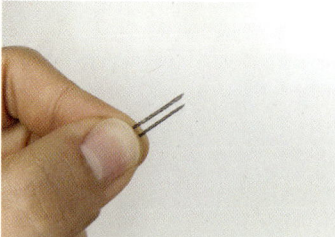

3. 실을 한 가닥 먼저 원석이나 비즈 구멍에 끼워준다. 그런 다음 비즈를 통과한 실의 양쪽을 모아 잡아 비즈 안쪽의 공간을 확보해준다.

 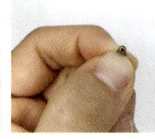 

4. 나머지 한 가닥 실의 끝을 끼운 뒤 두 가닥을 동시에 실을 끼울 방향으로 밀어준다. 먼저 끼운 한 가닥 실의 힘이 더해져 실을 한 가닥만 미는 것보다 더 수월하게 비즈나 원석을 끼울 수 있다.

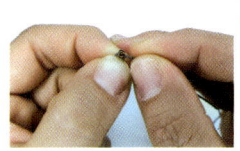  

도구를 사용하면 더 쉽다

비즈 바늘이나 왁스, 비드리머 등을 사용하는 방법도 있다. 알아두고 적절히 사용하면 비즈나 원석을 활용한 작품을 만들기가 한결 수월해질 것이다.

- **비즈 바늘**: 바늘에 실을 끼운 뒤 비즈에 바늘을 통과시키는 방법이다. 바늘이 강도가 약한 편이라 생각보다 사용이 쉽지 않다.
- **왁스**: 왁스를 실 끝에 묻혀주는 방법이다. 린하시타 남미실의 경우 끝이 잘 갈라지는데 왁스를 바르면 끝이 덜 갈라지고 실 표면이 매끄러워져 비즈 끼우기가 수월해진다.
- **비드리머**: 송곳 모양의 드릴을 이용해 구멍을 넓혀주는 방법이다. 주로 구슬 원석에 사용할 수 있다.

macrame 02

싱글 래핑을 한 번 더 감싸 고급스러움을 더한 **더블 래핑 목걸이**

더블 래핑은 싱글 래핑으로 한 번 감싸준 원석에 중심 줄을 추가해 원석의 둘레를 따라 매듭을 한 겹 더 지어주는 것을 의미한다. 작은 크기의 펜던트와 얇은 실을 이용해 만드는 더블 래핑 목걸이는 조앤에서 가장 사랑받는 작품이기도 하다. 매듭으로 두 번 감싸주어 더욱 안정감 있고 고급스러운 분위기와 부담스럽지 않은 크기로 다양한 룩을 연출할 때 매치할 수 있다.

목걸이 펜던트

우선 목걸이 펜던트부터 만들어보자. 싱글 래핑으로 감싼 원석을 한 번 더 래핑하는 것이 포인트이다. 과정이 다소 복잡하게 느껴질 수 있고, 실제로도 난이도가 좀 있는 매듭법이긴 하지만 그만큼 잘 익혀두면 작품의 가치를 높일 수 있다. 싱글 래핑은 3장 108쪽을 참조하면 된다.

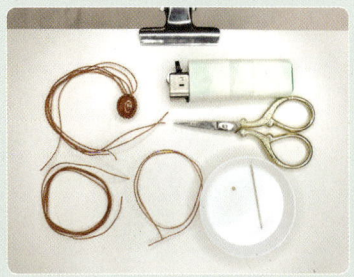

• 고정판, 집게, 라이터, 가위, 바늘
• 래핑 매듭으로 감싼 원석(0.5mm
  의 중심 줄 30cm*2줄, 엮는 줄
  90cm 1줄, 10*14mm 캐보션 원
  석을 이용해 3장 108쪽의 래핑
  매듭법으로 18번 과정까지 완료
  해서 준비해둔다)

• 린하시타 남미실 0.5mm 30cm*1줄/80cm 1줄
• 금속비즈 1mm(취향에 따라 비즈 크기를 선택해주면 되는데, 나는 주로 가
  장 작은 크기의 비즈를 사용한다)

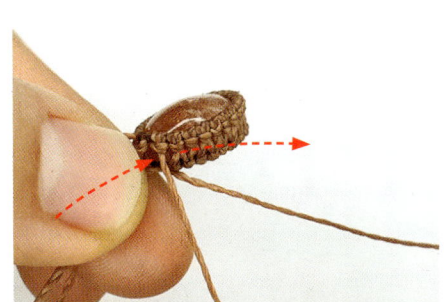

1. 래핑할 때 엮는 줄로 사용했던 실을 바늘에 끼운 뒤 원석 앞면을 감싸는 중심 줄에 있는 매듭들 중 래핑할 때 사용했던
엮는 줄 바로 옆 칸에서 나오도록 빼준다.

깔끔하게 바늘에 꿴 실 빼내기

바늘로 실을 다른 칸으로 끌어서 빼 주는 과정에서 자칫 다른 실들이 함께 끌려올 수 있다. 엮는 줄을 바로 옆 칸으로 뺄 때 다른 실들을 잡고 있으면 한결 쉽게 작업할 수 있다.

2. 반대쪽 엮는 실도 똑같이 해준다.

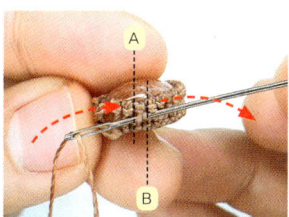

3. 바늘을 이용해 80cm의 실을 래핑한 원석에 끼워줄 것이다. 원석 앞면을 감싸는 중심 줄에 있는 매듭들 중 래핑할 때 사용했던 엮는 줄 바로 옆 두 칸인 A와 그 오른쪽 B를 통과하도록 실을 끼워준다.

A를 나오는 실은 8cm 정도 남기기

새로 실을 추가할 때 A를 나오는 실은 짧게(한 번 매듭을 지을 수 있는 길이, 약 8cm), B를 나오는 실은 길게 나오도록 해준다. 짧게 남기는 실은 둘레를 따라 한 번 매듭지을 정도만 남겨주는 것이다. 그리고 한쪽을 길게 남기는 이유는 긴 실로 계속해서 둘레를 따라 엮는 줄을 추가해가며 매듭지어 줘야 하기 때문이다.

길게

약 8cm
(짧게)

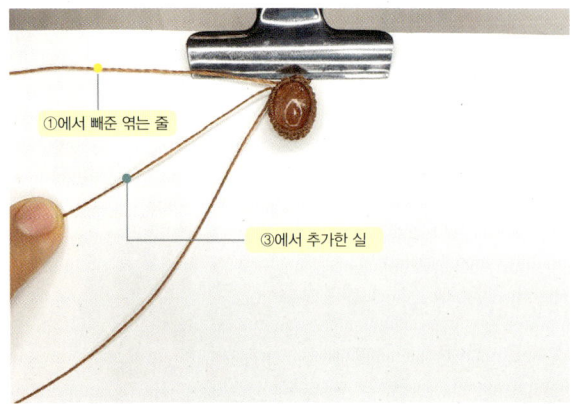

4. 싱글 래핑으로 한 번 감싸준 원석을
집게로 집어 준비한다. 이때 ①에서 빼준
엮는 줄과 ③에서 추가한 실만 제외하고
모든 실을 집게로 집어준다.

①에서 빼준 엮는 줄

③에서 추가한 실

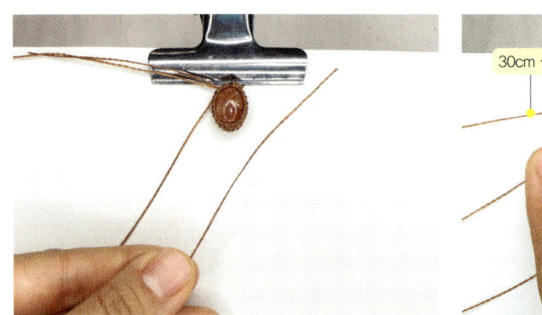
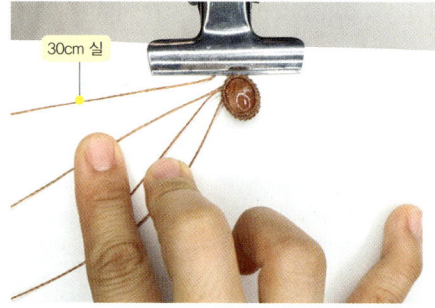

30cm 실

5. 30cm로 잘라 준비한 실을 원석의 둘레를 따라 매듭지을 때의 중심 줄로 사용해 줄 것이다. 30cm의 10cm 지점을 집게
로 집어 ④에서 집게로 집어준 원석 왼쪽에 고정시킨다.

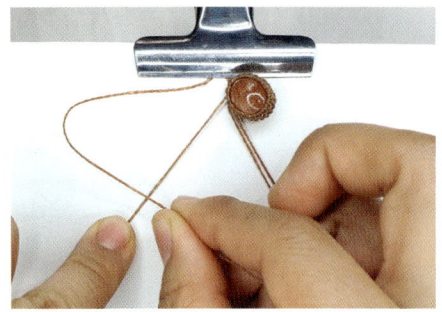
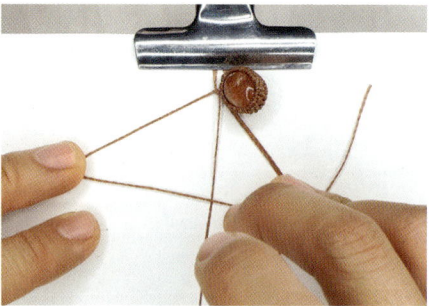

6. 중심 줄을 ①에서 빼 준 엮는 줄과 이어엮기기법으로 매듭지어 준다. 이때 둘레에 새로 생기는 매듭과 래핑 매듭 사이에
틈이 벌어지지 않도록 주의한다.

새로 생기는 매듭과 래핑 매듭 사이에 틈이 벌어지지 않게 하려면

더블 래핑에서 둘레를 따라 매듭을 지어줄 때 둘레에 새로 생기는 매듭과 래핑 매듭 사이에 틈이 벌어지지 않도록 매듭지어 주는 것이 중요하다. 그러기 위해서는 둘레를 따라 매듭짓는 중심 줄을 원석의 표면과 수평으로 잡아 당겨주며 이어엮기법을 해야 한다. 3장 이어엮기 팔찌에서 칸과 칸 사이에 간격이 벌어지지 않도록 매듭짓는 것과 같은 원리이다.

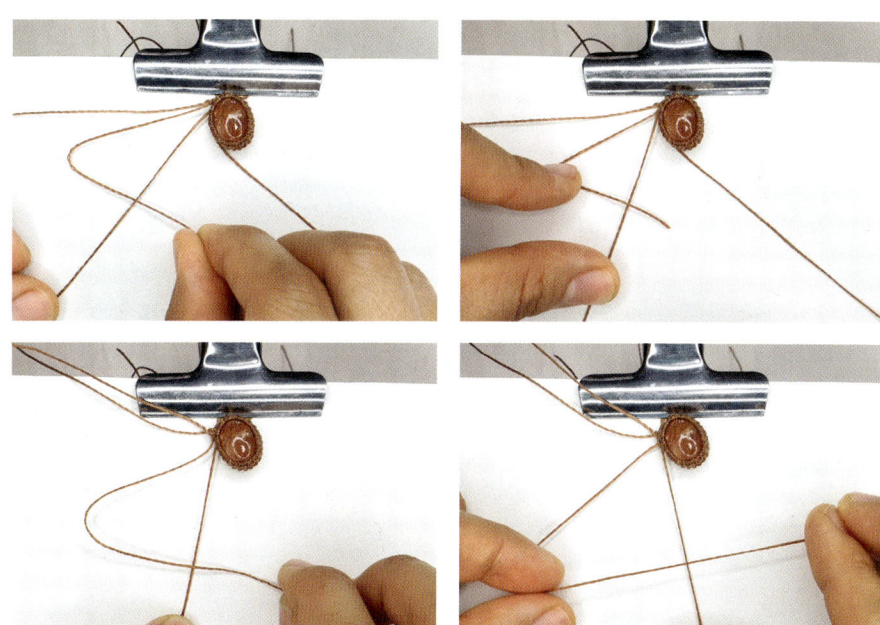

7. 중심 줄을 ③에서 A, B를 통과해 나 온 엮는 줄과 순서대로 이어엮기법으로 매듭지어 준다.

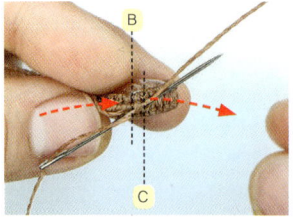

8. B에서 나와 매듭지은 엮는 줄을 바늘에 끼워 B를 통과해 바로 오른쪽 옆 칸인 C를 나오도록 빼준다. 바늘에 넣은 실을 당길 때 다른 실을 가지고 오지 않도록 주의해 준다.

9. 중심 줄을 C를 통과해 나오는 엮는 줄과 이어엮기법으로 매듭짓는다.

10. 같은 방법으로 계속해서 엮는 줄을 옆으로 넘겨가며 둘레를 따라 매듭지어 준다.

 실/전/팁

더블 래핑을 수월하게 할 수 있는 방법

더블 래핑은 싱글 래핑으로 감싼 위에 한 번 더 래핑을 하는 것이어서 섬세함을 요구한다. 처음에 왼쪽에서 오른쪽으로 더블 래핑을 할 때는 그런대로 괜찮은데, 절반을 넘어 나머지 반을 래핑하려면 손의 각도가 잘 나오지 않아 더 힘들어질 수 있다. 이때 반대편도 조금은 수월하게 할 수 있는 방법이 있다.

1. 원석 둘레를 따라 매듭을 지어줄 때 반쯤 매듭을 지어준 후 엮는 줄을 한 번 잘라준다.

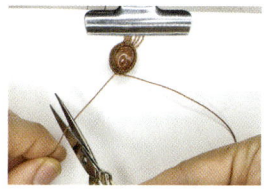 

2. 잘라내고 남은 엮는 줄을 다음 매듭지을 칸과 그 다음 칸을 통과시켜 새로 추가해주고 매듭을 지어준다.

3. 이렇게 하면 나머지 매듭을 지을 때 자르고 남은 실과 새로 추가한 엮는 줄의 첫 부분을 집게로 집어 작업할 수 있어 편하다.

11. 둘레를 따라 마지막 엮는 줄까지 만들어 매듭을 다 지었으면 ②에서 빼놓았던 엮는 줄과 이어엮기법으로 매듭지어
준다.

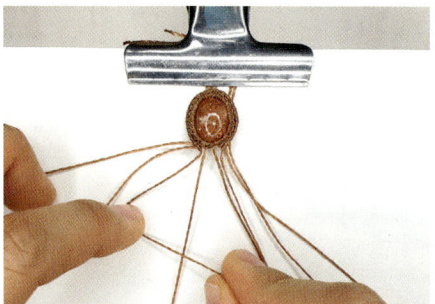

12. 마지막으로 원석의 앞면을 감싸고 있는 중심 줄까지 매듭을 지어준다.

tip

뒷면을 감싸고 있는 중심줄 빼 놓기

실이 너무 많으면 어떤 실을
매듭지을 차례인지 헷갈리기
쉽다. 이때 원석의 뒷면을 감
싸고 있는 중심 줄을 미리 집
게로 집어 빼 놓으면 헷갈리지
않는다.

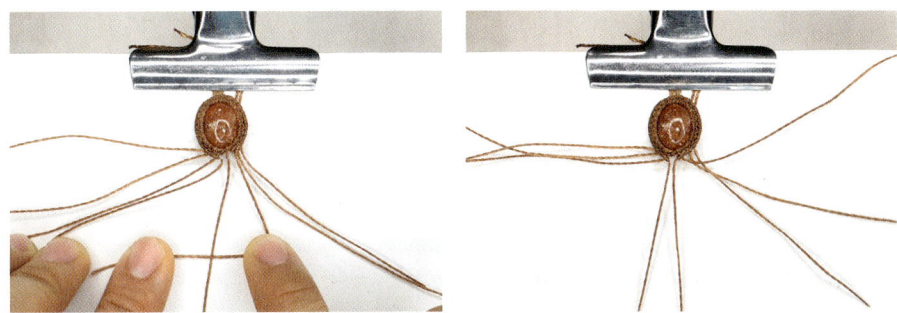

13. 반대쪽인 오른쪽도 더블 래핑 중심 줄을 이어서 원석의 앞면을 감싸고 있는 중심 줄과 이어엮기법으로 매듭지어 준다.

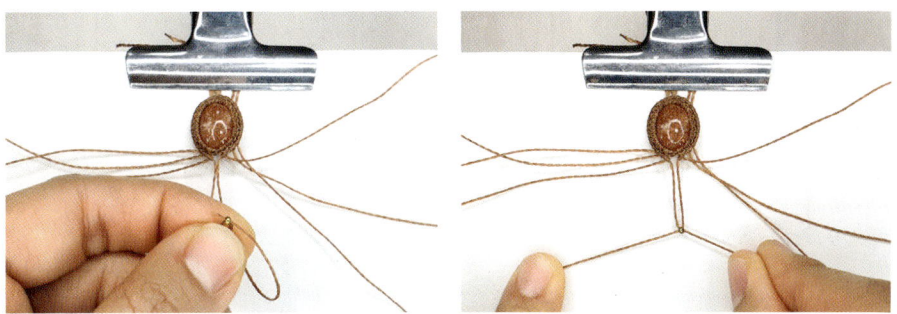

14. 중앙에서 만난 더블 래핑 중심 줄에 교차해서 비즈를 끼운다.

15. 여섯 줄을 이용해 'V'자 모양으로 매듭짓는다. 양쪽 끝의 실을 중심 줄로 해서 안쪽 방향으로 순서대로 엮는 실을 엮어
준 뒤 가운데 중심 줄끼리 이어엮기법으로 매듭지어 준다.

16. 그 다음 칸부터는 네 줄을 이용해 'V'자 모양을 만들어 준다. 양쪽의 맨 끝 실은 헷갈리지 않게 집게로 집어준 뒤 취향에 따라 2칸 이상 매듭을 지어준다.

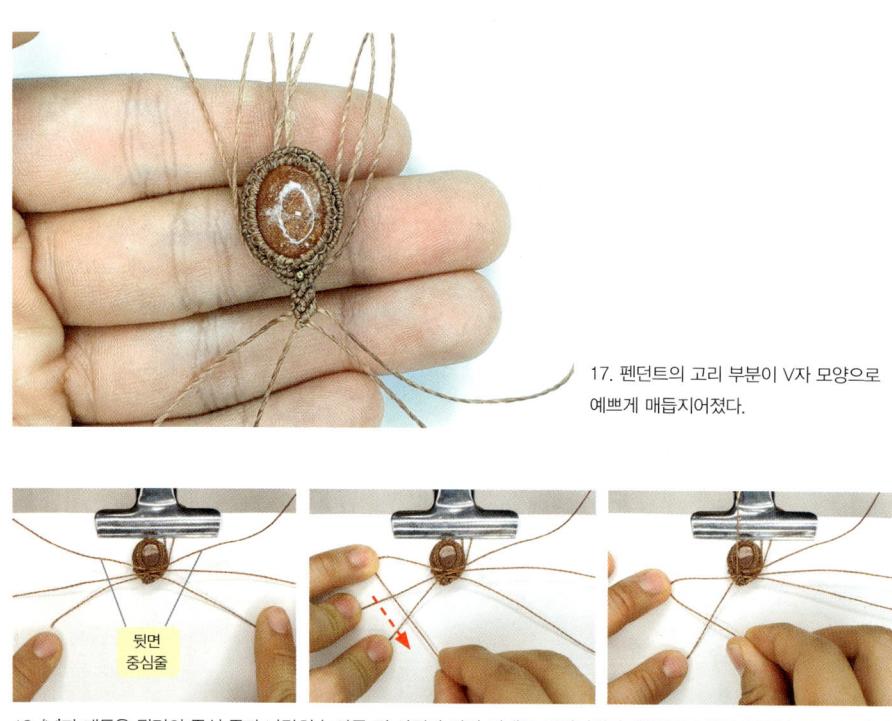

17. 펜던트의 고리 부분이 V자 모양으로 예쁘게 매듭지어졌다.

뒷면 중심줄

18. 'V'자 매듭을 뒷면의 중심 줄과 나란히 놓아준 뒤 사진과 같이 집게로 고정시킨다. 왼쪽부터 뒷면의 중심 줄로 두 가닥의 실을 순서대로 엮는다. 이때도 매듭지을 실이 헷갈리지 않도록 다른 실은 미리 집게로 집어 빼준다.

19. 반대쪽인 오른쪽
도 똑같이 매듭지어
준다.

 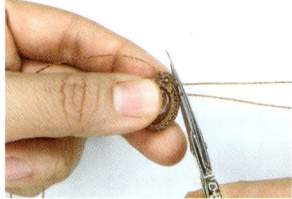 

20. 남은 실을 자르고 녹여 마무리한다.

21. 더블 래핑 펜던트가
완성되었다.

더블 래핑 방법 두 가지

더블 래핑의 방법에는 긴 엮는 실을 활용하는 방법과 짧은 자투리 실을 활용하는 방법 두 가지 방법이 있다. 각각 장단점이 있는데, 자기에게 맞는 방법으로 더블 래핑하면 된다.

1) 긴 엮는 실을 활용하는 방법

본문에서 소개한 방법으로 긴 엮는 실을 활용하는 방법은 매듭을 하나 짓고 바늘을 이용해 긴 실을 다음 칸의 엮는 실로 빼주어 엮는 실을 계속해서 만들어나가며 매듭짓는 방법이다.

불 마감을 많이 하지 않아도 되기 때문에 둘레가 깔끔하게 연출된다는 장점이 있다. 하지만 바느질을 매듭 중간 중간에 계속 해줘야 하는 동작상의 번거로움이 있어 시간이 더 오래 소요될 가능성이 있다. 그리고 바느질을 하다 보면 매듭 사이가 벌어져 래핑이 끝난 후 마지막에 모양을 다시 잡아줘야 한다.

2) 짧은 자투리 실 여러 가닥을 활용하는 방법

짧은 자투리 실을 매듭 사이사이에 하나씩 넣어 둘레 매듭을 엮어주는 방법이다. 미리 바늘을 이용해 매듭 사이사이에 자투리 실을 넣고 원석을 감싸주면 한 번에 둘레를 따라 매듭을 지을 수 있다. 1번 방법처럼 매듭을 하나 지을 때마다 바느질을 할 필요가 없다는 의미다.

모아뒀던 자투리 실을 활용할 수 있고, 원석을 돌려가며 둘레를 매듭지어 줄 때 집게로 집어줄 실이 많아 편하기도 하다. 하지만 불 마감을 실 한 가닥씩 해줘야 하는 번거로움이 있어 불 마감을 깔끔하게 잘하는 경우에만 추천하는 방법이다.

목걸이 줄

이번에는 목걸이 펜던트에 연결할 줄을 만들어보자. 두 줄 꼬아엮기보다 과정이 복잡해보이지만 그만큼 줄의 꼬임 모양이 예쁘고 탄탄해 목걸이의 가치를 높여준다.

준비물

· 고정판, 집게, 라이터, 가위
· 린하시타 남미실 0.5mm
　100cm*4줄

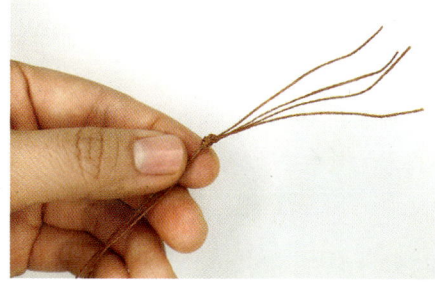

1. 네 가닥의 실의 끝을 맞춘 뒤 한 번 묶는다.

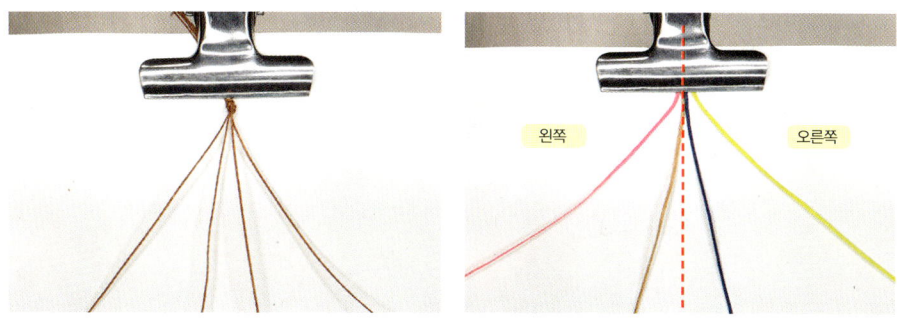

2. 네 가닥의 실을 순서대로 가지런히 배치한다. 이해를 돕기 위해 실 색깔을 달리 하고 왼쪽 두 줄, 오른쪽 두 줄을 나눠서 설명하며 매듭을 지어줄 것이다.

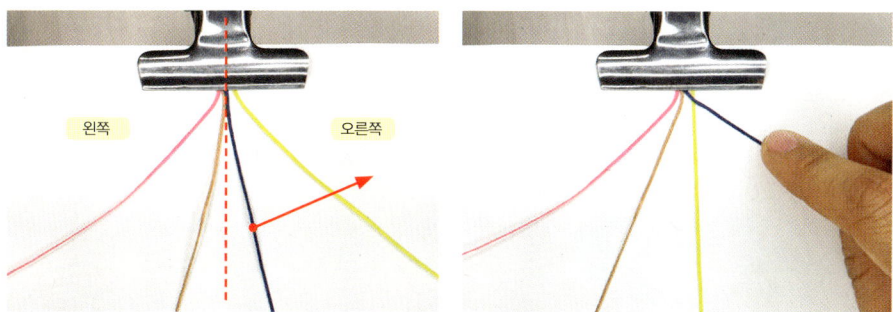

3. 오른쪽 안쪽 줄을 오른쪽 바깥줄 위로 올려 바깥으로 가도록 순서를 바꾼다.

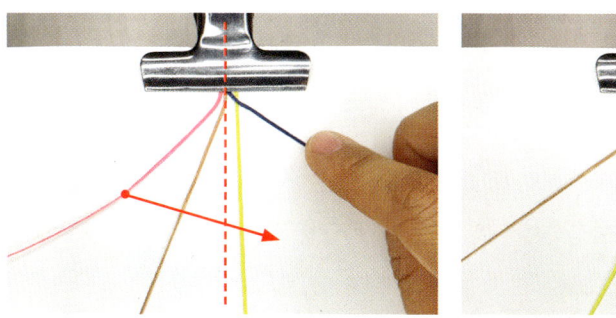
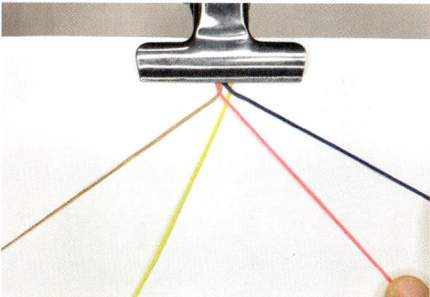

4. 왼쪽 끝의 줄을 오른쪽 두 줄 사이로 오도록 위치시킨다.

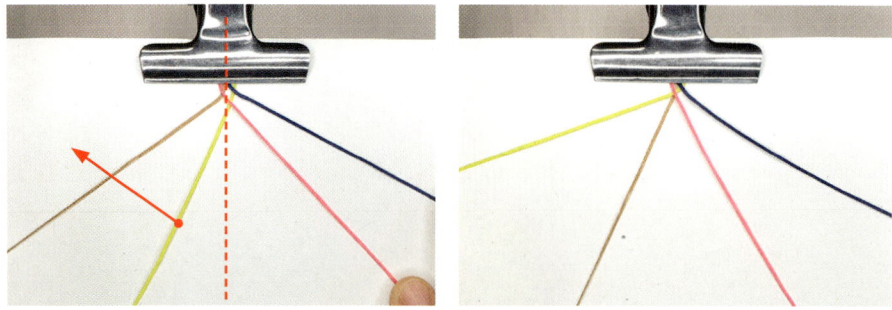

5. 왼쪽 안쪽 줄을 왼쪽 바깥줄 위로 올려 바깥으로 가도록 순서를 바꿔준다.

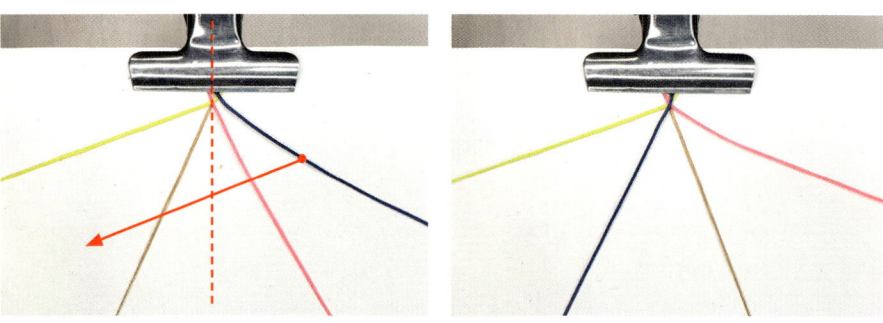

6. 오른쪽 끝의 줄을 왼쪽 두 줄 사이로 오도록 위치시킨다.

7. ③～⑥을 반복하며 매듭지어
준다.

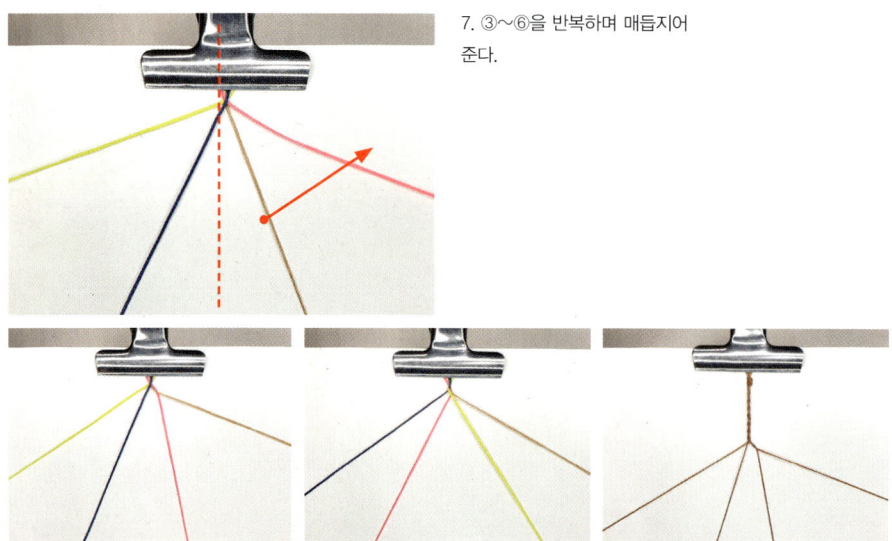

중간 중간 실 엉키지 않게 풀어주기

목걸이 줄은 길어야 하기 때문에 매듭을 지을 때 긴 실이 필요하다. 실이 길면 매듭을 지을 때 다른 실도 함께 매듭이 지어지거나 엉키기 쉽다. 긴 실이 엉키면 푸는 것도 어렵고, 시간도 많이 걸리니 중간 중간 실이 얽히지 않도록 잘 풀어주어야 한다.

8. 매듭을 다 지었으면 다른 쪽 끝도 한 번 묶어 매듭짓고, 목걸이 줄 양 끝의 실을 녹여 마감한다.

9. 목걸이 줄이 완성되었다.

목걸이 줄에 원석이나 비즈 추가

실을 꼬아 만든 목걸이만으로도 충분히 예쁘지만 취향에 따라 원석이나 비즈 등을 추가하면 또 다른 매력의 목걸이 줄을 만들 수 있다. 목걸이 줄에 원석이나 비즈를 추가할 때에는 펜던트의 원석과 색상 계열이 비슷하거나 크기가 너무 크지 않도록 선택해주는 것이 좋다.

더블 래핑 목걸이 완성하기

펜던트와 목걸이 줄을 만들었다면 드디어 더블 래핑 목걸이를 완성시킬 차례이다. 간단하다. 펜던트에 미리 만들어두었던 구멍에 목걸이 줄을 통과시키면 된다.

1. 목걸이 줄을 펜던트에 통과시킨다.

2. 목걸이 줄의 양 끝을 맞춰 목걸이 줄을 겹쳐 잡은 뒤 자투리 실로 평매듭으로 매듭지어 준다. 길이 조절이 가능한 목걸이 줄로 만들어 준다.

3. 매듭짓고 남은 실을 자르고 녹여준다.

4. 더블 래핑 목걸이가 완성되었다.

클래식한 디자인의 **포에버 클래식 팔찌**

한 듯 안 한 듯 가느다란 팔찌도 매력이 있지만 때론 좀 더 분명한 존재 감을 드러내는 팔찌를 하고 싶을 때도 있다. 이런 경우 원석과 V자 매듭을 활용한 팔찌가 좋은 선택이 될 것이다. 원석은 더블 래핑으로 단단하게 감싸고, 팔찌 줄은 V자 매듭으로 엮어주면 클래식하면서도 질리지 않는 팔찌를 만들 수 있다.

원석이 팔찌 중앙에 배치되어 마치 손목시계를 연상시키는 클래식한 디자인으로 다양한 룩에 부담없이 매치시킬 수 있다는 것이 장점이다. 원석과 이어지는 부분은 8자 매듭을 활용해 팔찌의 멋을 더했다.

준비물

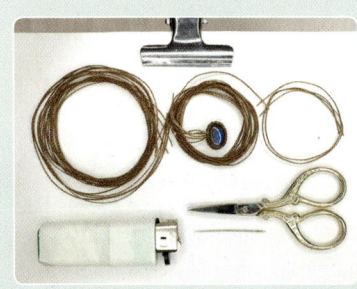

- 고정판, 집게, 라이터, 가위, 자수용 바늘
- 래핑 매듭으로 감싼 원석(중심줄 90cm*2줄, 엮는 줄 150cm 1줄, 10*14mm 캐보션 원석)
- 린하시타 남미실 0.5mm 80cm *5줄, 20cm 실 두 가닥

1. 90cm의 중심 줄 두 가닥과 150cm의 엮는 줄 한 가닥으로 래핑해 준 캐보션 원석의 앞뒤를 감싸는 중심 줄끼리의 매 듭을 한 번씩 더 조여준다.

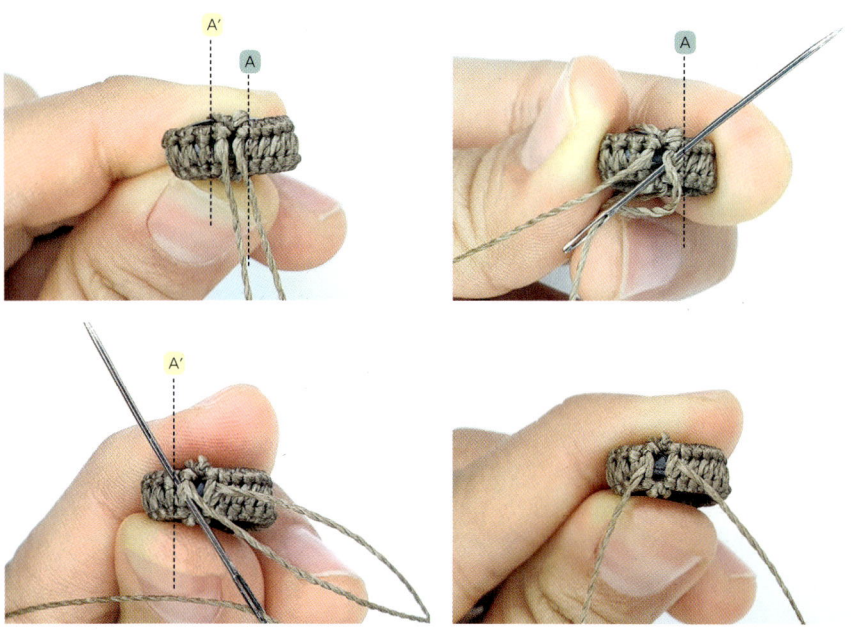

2. 래핑할 때 엮는 줄로 사용했던 양쪽의 실을 바늘에 끼운 뒤 원석 앞면을 감싸는 중심 줄에 있는 매듭들 중 래핑할 때 사용했던 엮는 줄 바로 옆칸 각각 A와 A'에서 나오도록 빼준다.

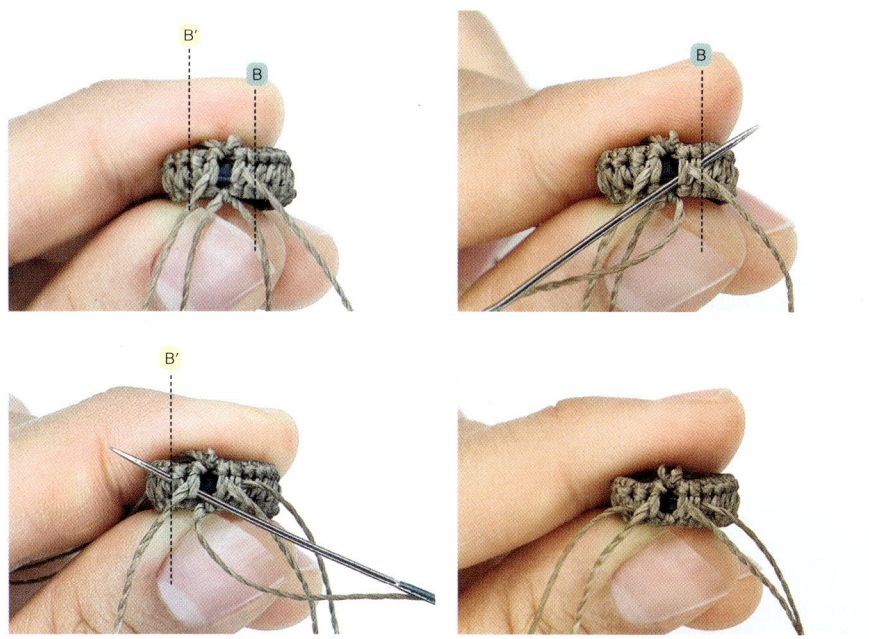

3. 래핑할 때 원석 뒷면을 감싸는 중심 줄로 사용했던 실을 바늘에 끼운 뒤 각각 A의 옆 칸인 B와 A'의 옆 칸인 B'에서 나
오도록 빼준다.

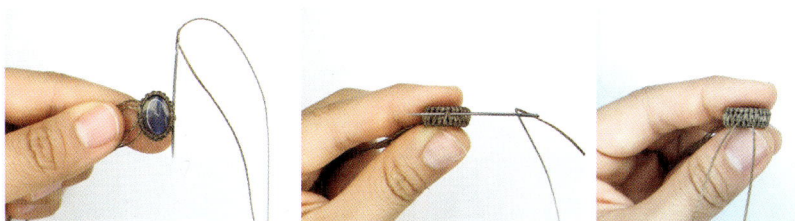

4. 이제 80cm로 잘라 준비한 실 세 가닥을 반대쪽에 추가해 줄 것이다. 매듭의 칸 수를 양쪽으로 세어 정확히 반대쪽 중앙
이 되는 지점에 실을 한 가닥 추가해 준다.

5. 바로 양옆 칸에 80cm 실을 한 가닥씩 추가해 준다.

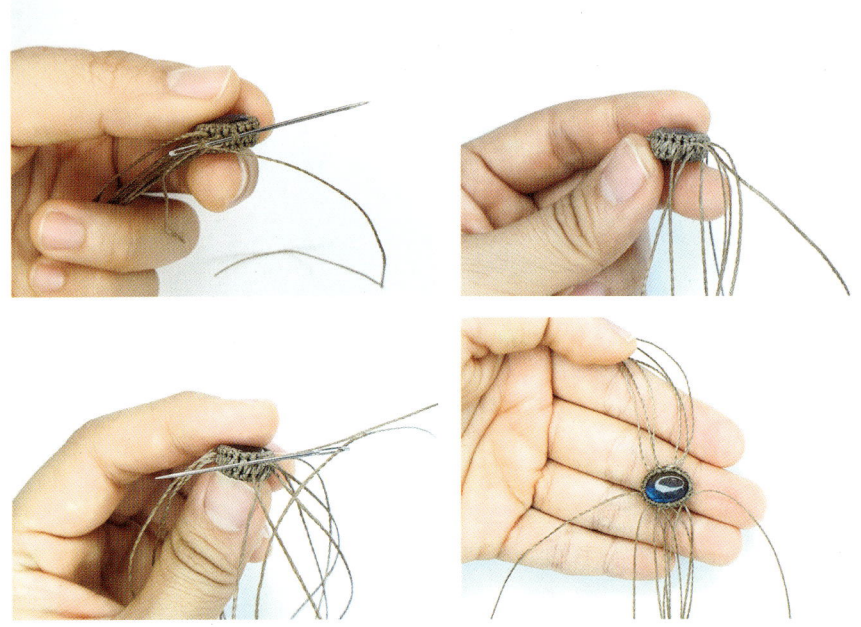

6. 방금 추가해 준 80cm 세 가닥의 양옆 칸에 20cm의 실 한 가닥씩을 추가해 준다. 이 실은 원석의 둘레를 감싸며 더블 래핑의 엮는 줄 역할을 할 것이다.

7. 원석의 둘레를 더블 래핑해 줄 중심 줄
두 가닥을 순서대로 추가해서 엮어줄 것
이다. 먼저 방금 엮는 줄 총 다섯 가닥을
추가해준 쪽의 실들이 아래로 가도록 매
듭을 사진과 같이 집어준다.

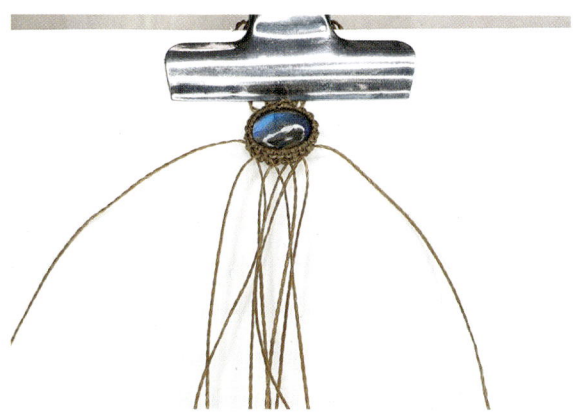

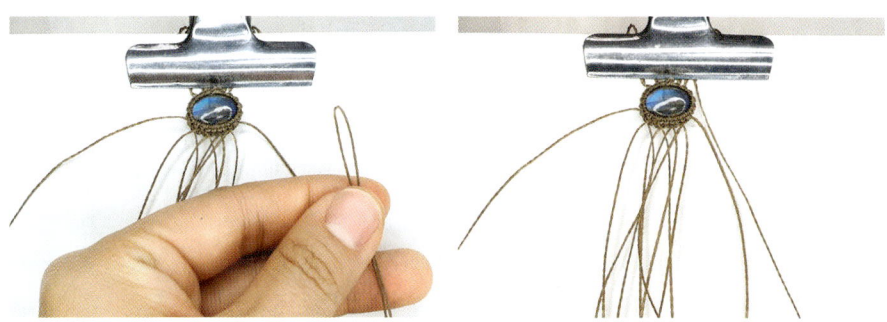

8. 80cm의 실을 반으로 접어 반으로 접힌 부분이 원석의 오른쪽 옆에 오도록 집게로 집어 준다.

9. 80cm의 실을 중심 줄로 해서 오른쪽
부터 순서대로 절반인 다섯 줄과 엮어줄
것이다. 매듭을 짓기에 앞서 각 실의 길이
가 사진과 같이 오도록 조정해 준다.

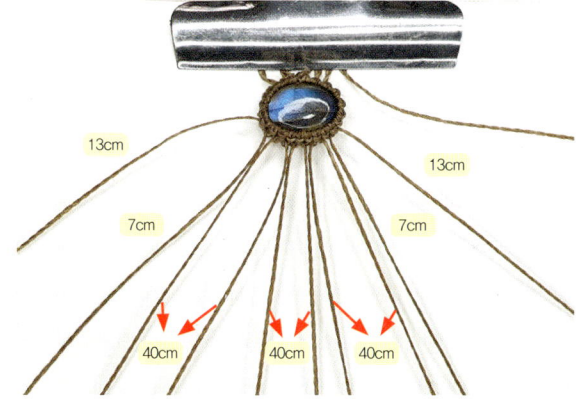

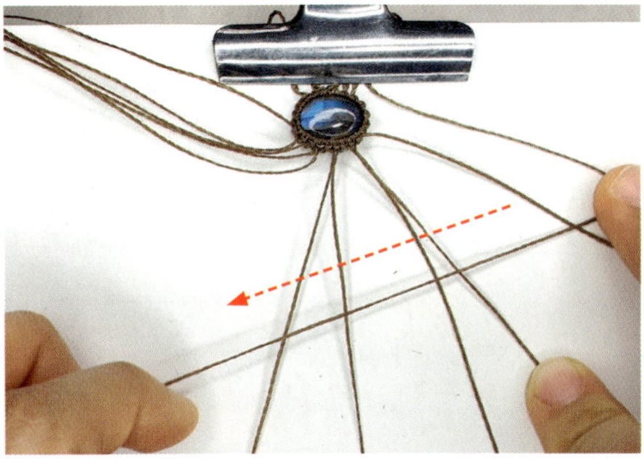

10. 오른쪽에 추가한 중심 줄을 오른쪽부
터 순서대로 엮는 줄 다섯 줄과 이어엮기
법으로 엮어준다.

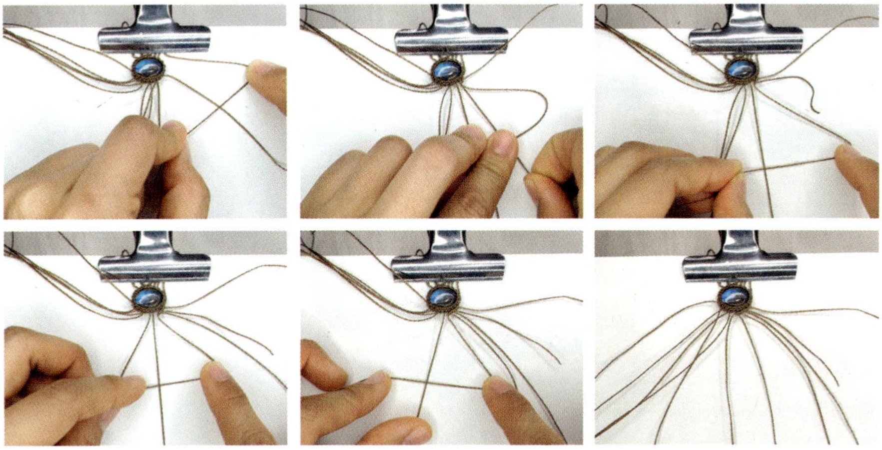

11. 80cm의 실을 반으로 접어 반으로 접
힌 부분이 원석의 왼쪽 측면에 오도록 집
게로 집어준다.

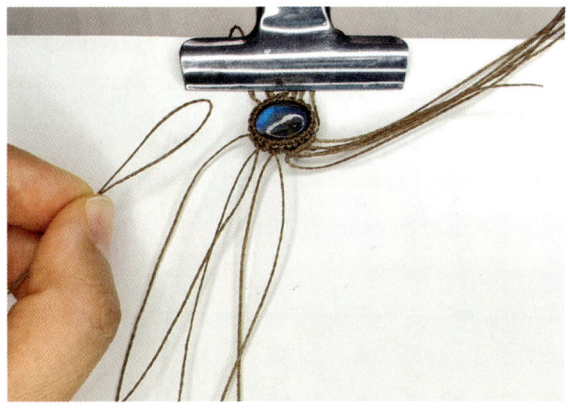

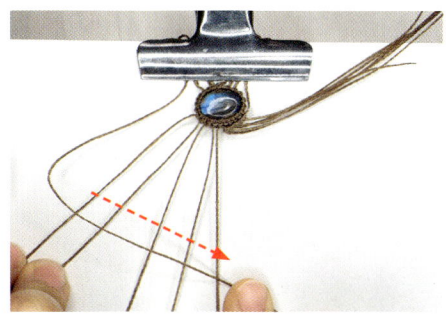

12. 왼쪽에 추가한 중심 줄을 왼쪽부터 순서대로 엮는 줄 다섯 줄과 이어엮기법으로 엮어준다.

13. 중앙에서 만난 80cm의 중심 줄끼리 이어엮기법으로 매듭지어 준다.

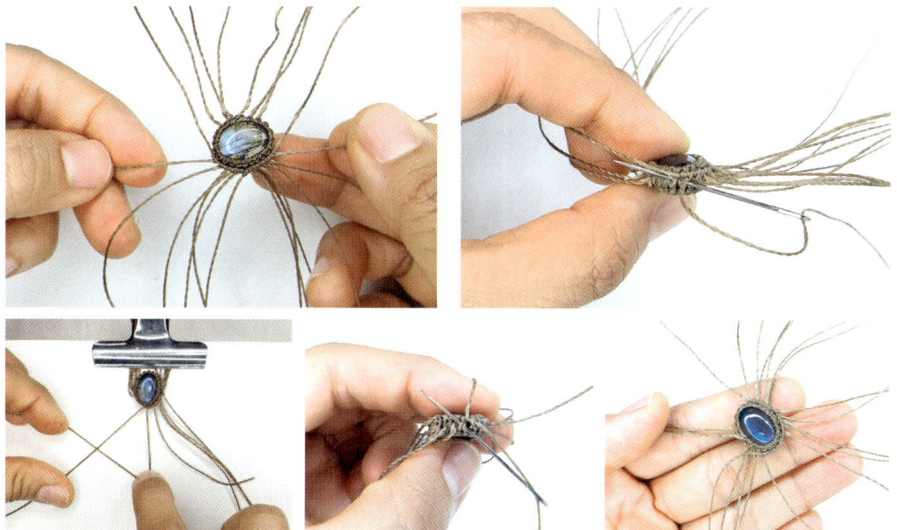

14. 가장 바깥쪽의 엮는 줄(13cm로 남겨서 엮어준 실)을 다음 칸으로 빼주며 원석의 둘레를 따라 매듭을 지어준다.

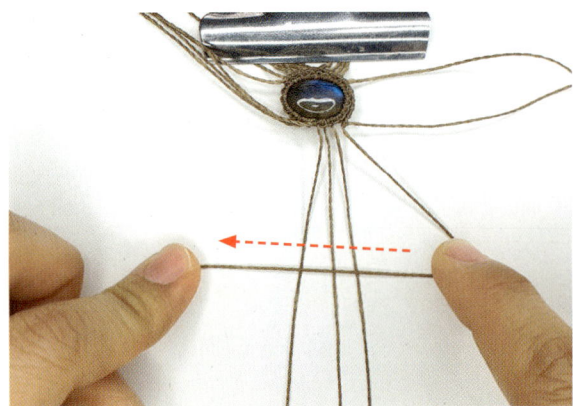

15. ①～③에서 빼 준 엮는 줄 중 세 가
닥도 이어서 원석의 둘레를 감싸는 중심
줄과 매듭을 지어준다. 이렇게 하면 하나
의 중심 줄로 원석 둘레의 반을 감싸 매
듭이 완성된다.

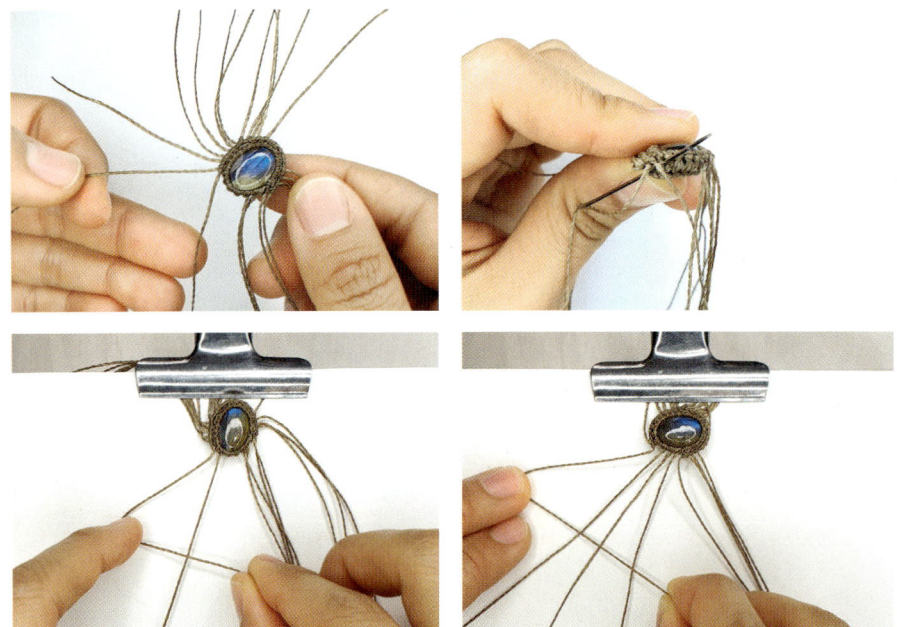

16. 나머지 반도 ⑭～⑮ 과정과 같은 방법으로 매듭을 지어준다.

17. 중앙에서 만난 중심 줄끼리
매듭지어 준다.

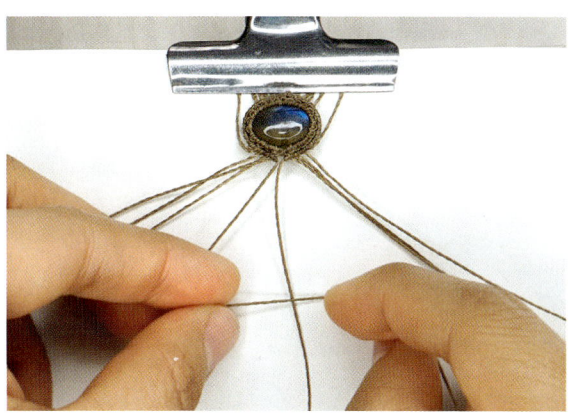

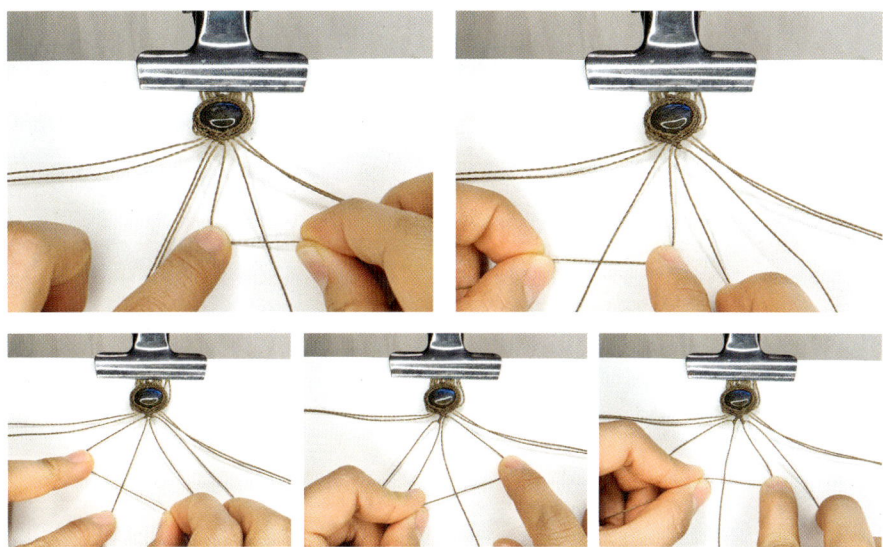

18. 가운데 네 가닥으로 8자 매듭을 지어 동그라미를 만들어 준다(동글반지 132~134쪽 참고).

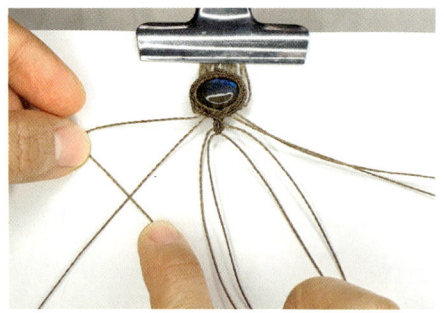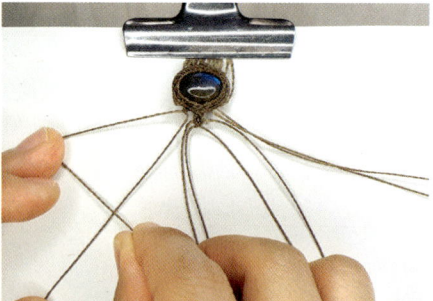

19. 왼쪽 두 줄로 왼쪽에서 오른쪽 방향으로 이어엮기법으로 두 칸 엮어준다.

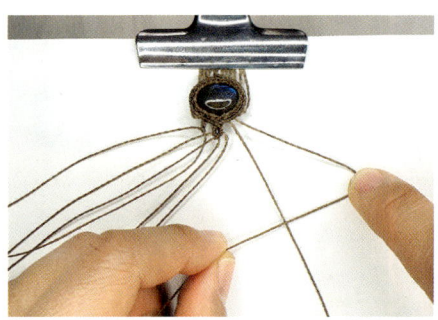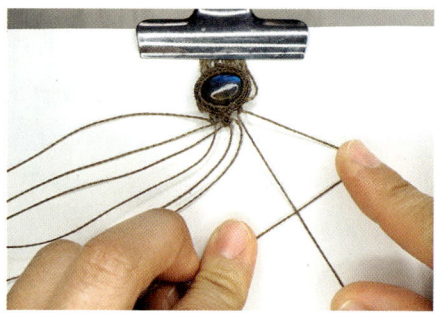

20. 오른쪽 두 줄로 오른쪽에서 왼쪽 방향으로 이어엮기법으로 두 칸 엮어준다(매듭지어 생긴 한 줄을 한 칸이라고 부른다).

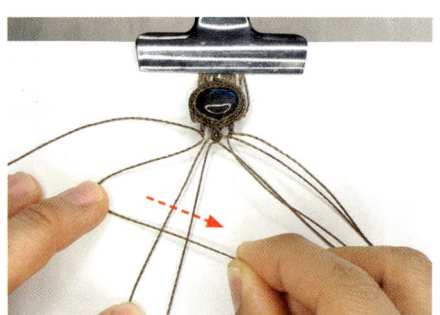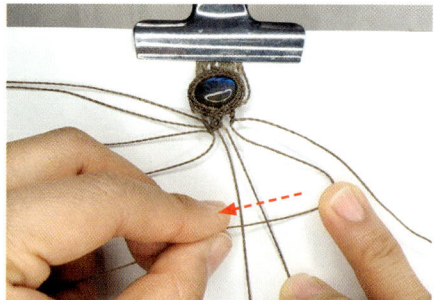

21. 왼쪽에서 두 번째 실을 중심 줄로 해서 동그라미의 왼쪽 두 줄과 순서대로 엮어준다.

22. 오른쪽에서 두 번째 실을 중심 줄로 해서 동그라미 오른쪽 두 줄과 순서대로 엮어준다.

23. 가운데에서 만난 중심 줄끼리 이어엮
기법으로 매듭지어 준다.

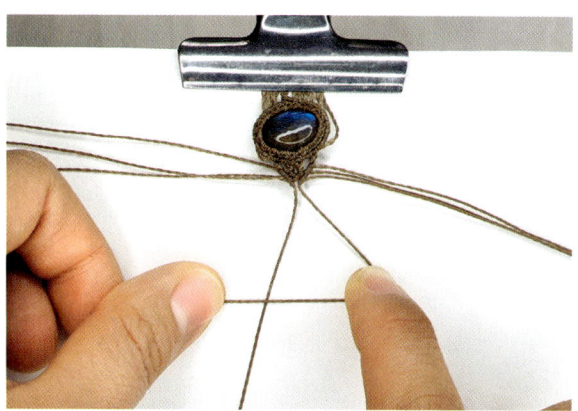

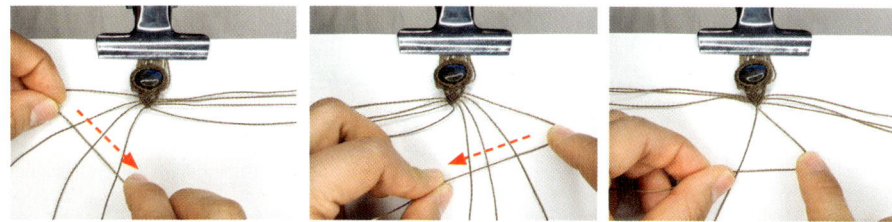

24. 여덟 가닥의 실로 'V'자 모양을 만들며 매듭지어 준다.

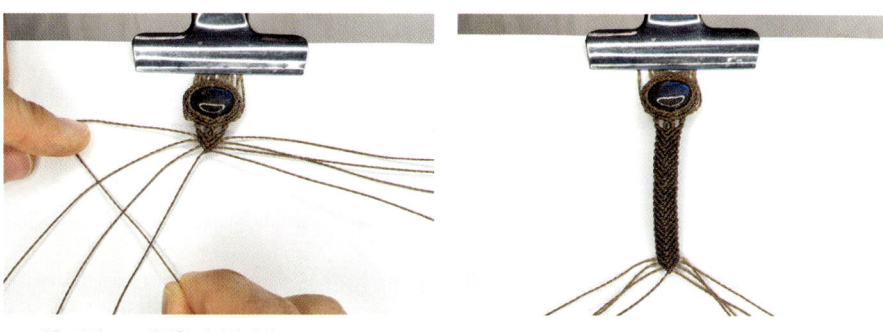

25. 같은 방법으로 매듭을 이어나간다.

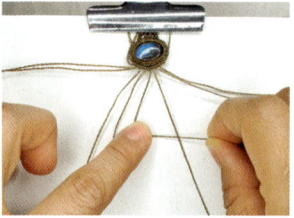

26. 팔찌가 손목의 4분의 1이상을 덮는 길이에서 반대로 뒤집어 똑같은 방법으로 매듭을 지어준다.

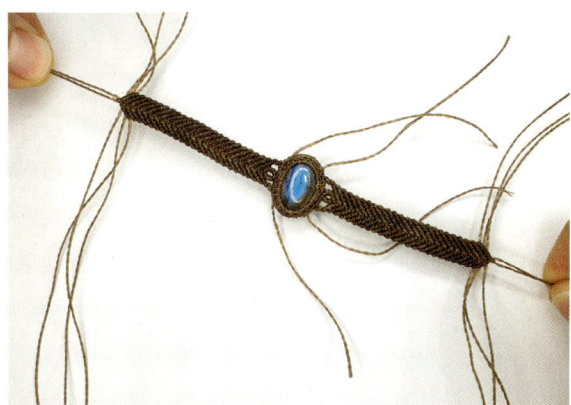

27. 메인 매듭을 다 지었으면 팔찌의 길이 조절이 가능하도록 하는 부분을 두 줄 꼬기로 매듭지어 줄 것이다.

28. 양쪽에 가운데 두 줄만 남긴 채 나머지 실들을 자르고 녹여 마감해 준다.

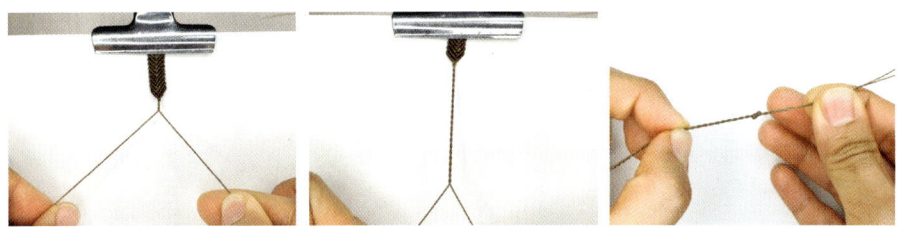

29. 중심 줄 두 가닥을 두 줄 꼬기로 매듭지어 준다.

30. 팔찌의 총 길이가 손을 통과하는 길이가 될 때까지 양쪽에 두 줄을 꼬아준 후 끝부분을 묶어준다.

31. 팔찌 끝부분의 남은 실을 자르고 녹여 마감한다.

32. 팔찌를 동그란 모양으로 만들어 양쪽 끝이 겹쳐지게 잡는다.

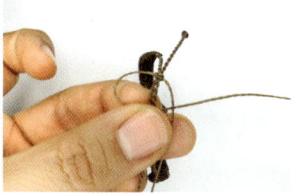

32. 자투리 실로 겹쳐진 두 줄을 묶어 평매듭을 지어준다.

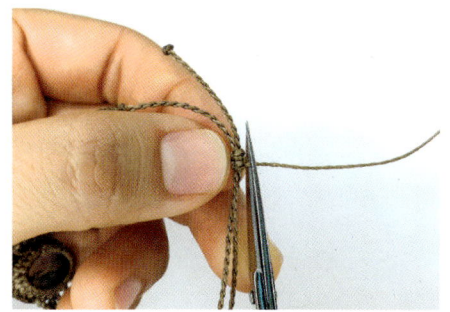

33. 남은 실을 자르고 녹여 마감한다.

34. 포에버 클래식 팔찌가 완성되었다.

tip

투톤 래핑법

원석을 감싸는 래핑 부분과 팔찌의 매듭 부분 색상을 다르게 해서 투톤으로 팔찌를 제작
할 수 있다. 투톤 팔찌를 만들기 위해서는 원석을 래핑할 때 중심 줄의 색상을 팔찌의 매
듭 부분 색상으로, 엮는 줄의 색상을 원석을 감싸는 부분의 색상으로 작업해 주면 된다.
나머지 과정을 동일하게 하되, ②에서 래핑할 때 사용했던 엮는 실을 A와 A'에서 나오도
록 빼주지 않고 마감한 뒤, A와 A'를 통과하도록 80cm의 실 한 가닥(팔찌의 매듭 부분
색상)을 추가해서 작업해 주면 된다.

높은음자리표를 닮은 **클레프 팔찌**

클레프 팔찌는 높은음자리표(G.clef)의 모양을 형상화한 디자인이다. 심플하면서도 포인트가 확실한 디자인이어서 인기가 많고, 데일리로 착용하기에도 좋다. 누구나 착용할 수 있는 팔찌지만 특히 음악과 연관된 지인들의 선물로 특히 인기가 많다. 중앙 부분에만 포인트 매듭이 들어가 있어 오랜 시간을 투자하지 않고도 만들 수 있는 고급스러운 느낌의 디자인이다. 중심 줄의 개수를 조절하며 곡선의 두께 변화를 준 작품이라 만들다 보면 새로운 응용 기법을 익히는 데 도움이 될 것이다.

준비물

- 고정판, 집게, 라이터, 가위
- 린하시타 남미실 0.7mm 60cm *8줄, 8mm 구슬 원석 1알, 유리 비즈 3mm(내경 약 1.4mm) 2알

1. 여덟 가닥의 실을 반으로 접어 준비한다.

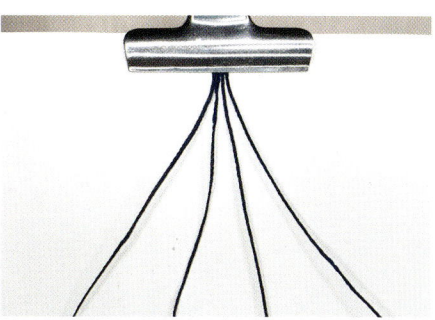

2. 네 가닥의 실을 중간에서 2cm가량 윗 부분을 집게로 집어 고정해준다.

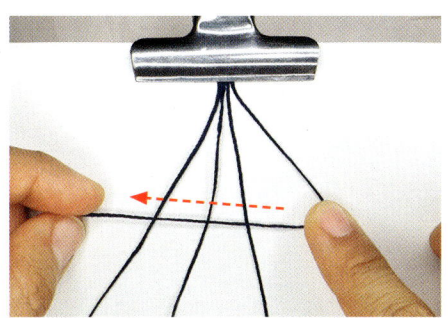

3. 가장 오른쪽 실을 중심 줄로 해서 왼 쪽의 세 가닥 엮는 줄을 오른쪽에서 왼쪽 방향으로 순서대로 이어엮기 해준다.

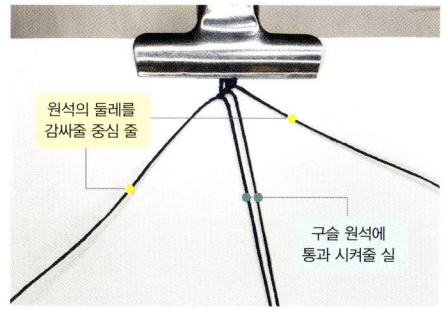

원석의 둘레를 감싸줄 중심 줄

구슬 원석에 통과 시켜줄 실

4. 양쪽 끝의 실 두 가닥은 원석의 둘레를 감싸줄 중심 줄, 가운데 실 두 가닥은 구슬 원석의 구멍을 통과시켜줄 실이 다. 원석의 둘레를 감싸줄 중심 줄에 남겨뒀던 네 가닥의 실을 왼쪽과 오른쪽에 각각 두 가닥씩 추가해 줄 것이다.

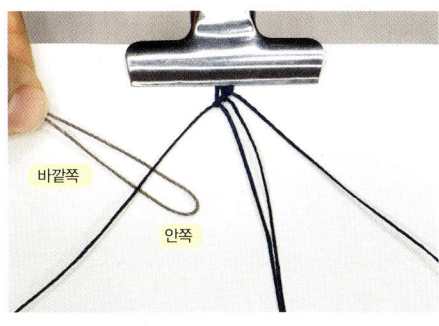

바깥쪽

안쪽

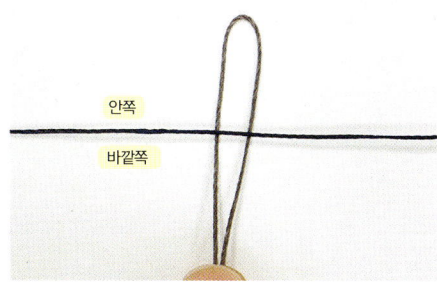

안쪽

바깥쪽

5. 추가할 실을 반으로 접은 후 실을 추가해 줄 중심줄 아래로 반으로 접은 실을 위치시킨다. 이때 반으로 접힌 부분이 안쪽 방향을 향하도록 추가해준다.

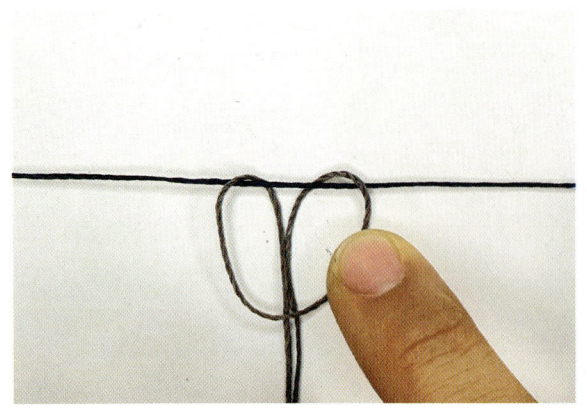

6. 반으로 접힌 부분을 중심 줄을 기준으로 바깥쪽으로 접어준다.

7. 실의 끝부분을 손으로 잡아당겨 구멍으로 빼준다.

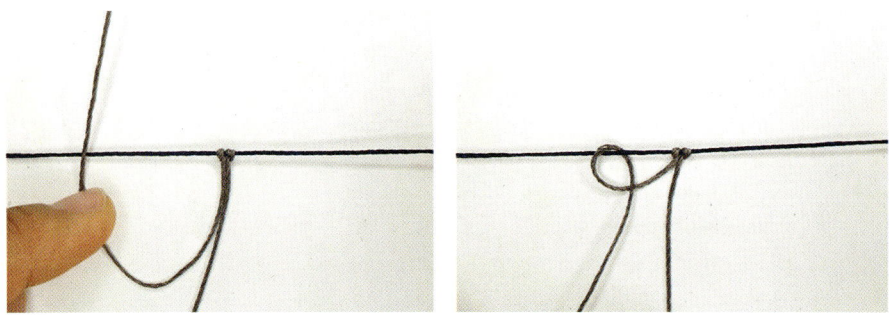

8. 왼쪽 실의 끝을 중심 줄 위에 올린 뒤 자연스럽게 생긴 구멍으로 실을 당겨 매듭지어 준다. 왼쪽 실이 중심 줄을 한 번 감아 매듭이 지어진다.

9. 오른쪽도 ⑧번과 같은 방법으로 매
듭지어 준다. 추가한 실의 끝이 원석
을 두르는 원의 바깥쪽 방향으로 나오
도록 해준다.

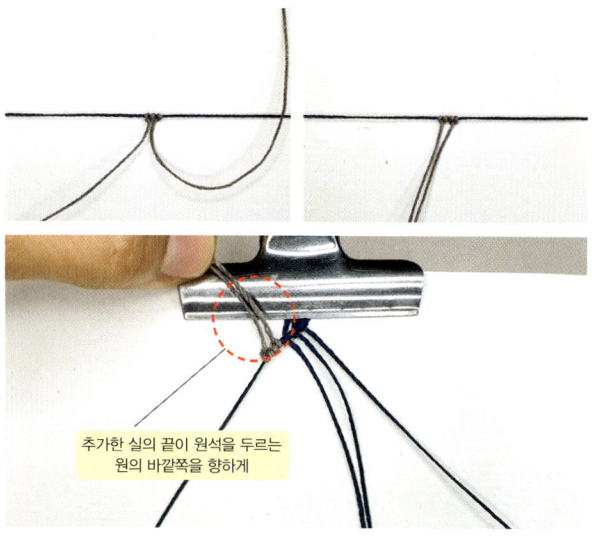

추가한 실의 끝이 원석을 두르는
원의 바깥쪽을 향하게

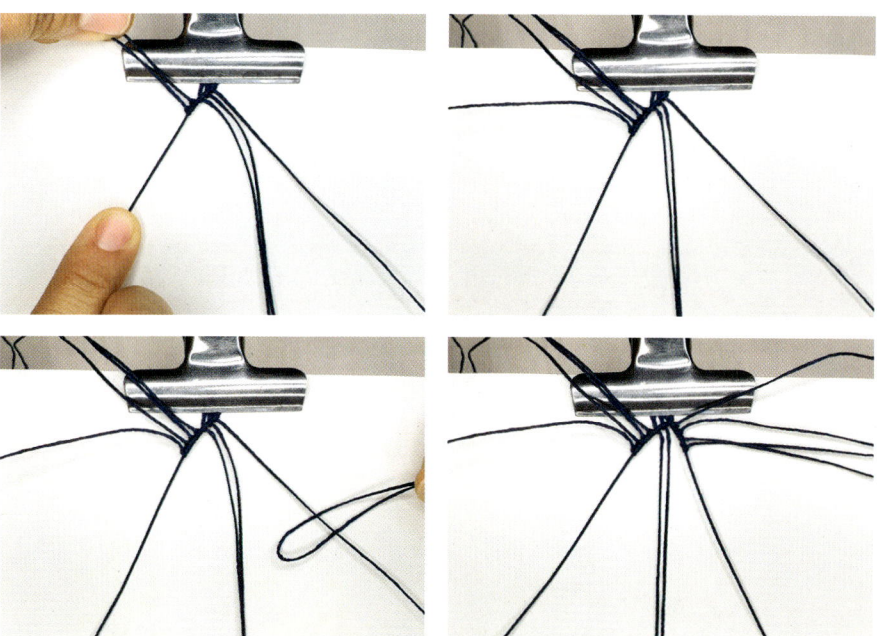

10. ⑤~⑨의 방법으로 양쪽의 중심 줄에 각각 두 가닥의 실을 추가해 준다. 추가한 실은 다른 매듭 옆에 차곡히 쌓일 수
있도록 위쪽으로 올려 위치시킨다.

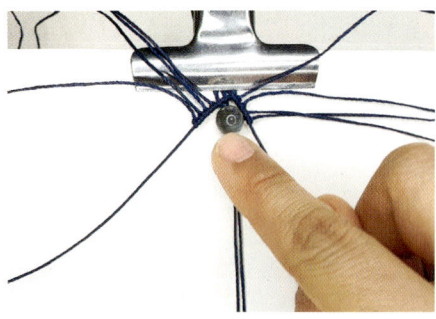

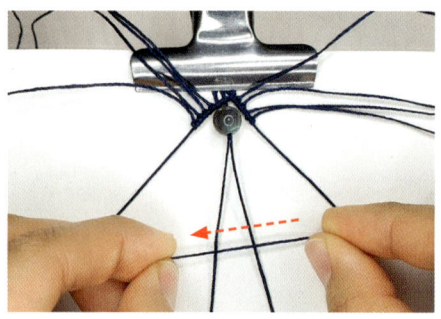

11. 가운데 안쪽으로 향해 있는 두 가닥의 실에 동일한 방향으로 구슬 원석을 통과시켜 끼워준다.

12. 구슬 원석을 통과시킨 두 가닥의 실을 엮는 줄로 해서 오른쪽 중심 줄과 오른쪽에서 왼쪽 방향으로 이어엮기 매듭으로 엮어준다.

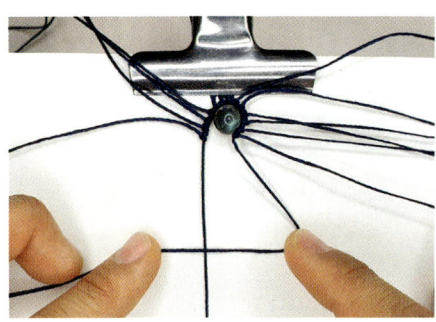

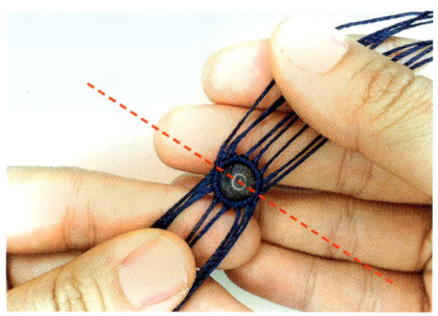

13. 중심 줄끼리 매듭지어 준다.

14. 구슬 원석을 둘러싼 실 16가닥을 8가닥씩 나눠준다. 이 때 두 가닥의 중심 줄 중 왼쪽에 있는 중심 줄을 포함해서 왼쪽 방향으로 8가닥을 빼고 나머지는 집게로 집어준다.

15. 가장 오른쪽의 실을 중심 줄로 해서 바로 왼쪽의 실 한 가닥과 이어엮기법으로 매듭지어 준다.

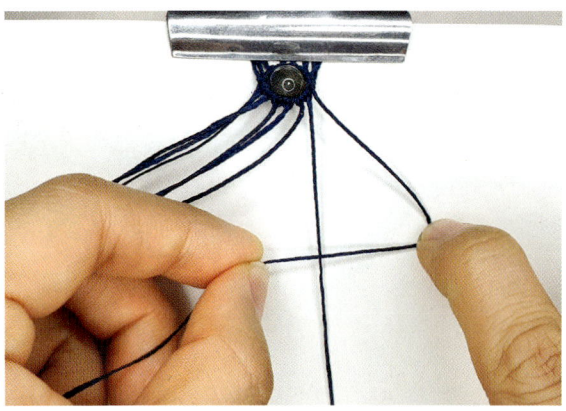

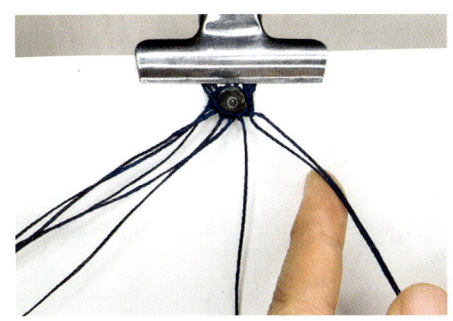

16. 두 번째 매듭부터는 중심에 들어가는 중심 줄 개수를 늘려줄 것이다. ⑮번에서 방금 엮은 엮는 줄을 중심 줄에 포함시켜 두 가닥의 중심 줄을 바로 왼쪽의 실 한 가닥과 이어엮기법으로 매듭짓는다.

 tip

높은음자리표 라인을 예쁘게 만들려면?

원석을 감싸는 매듭을 한 번 지은 후 두 번째 짓는 매듭은 중심 줄을 개수를 늘려가며 이어엮기를 한다. 그래야 높은음자리표를 만들 수 있기 때문이다. 이 과정에서 높은음자리표의 라인을 예쁘게 만들려면 이어엮기를 할 때 새로 포함시킨 중심 줄을 더 당겨주어야한다. 모양을 봐가며 잘 당겨주어야 자연스럽고 예쁜 라인이 연출된다.

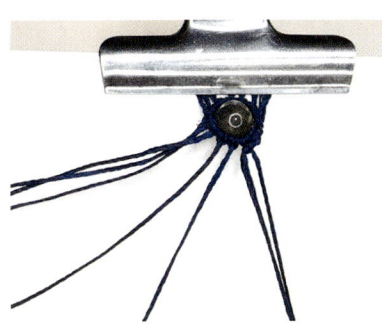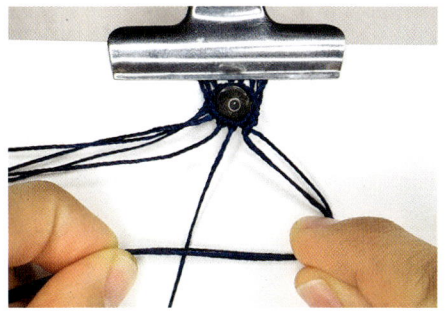

17. ⑯에서 방금 엮은 엮는 줄을 중심 줄에 포함시켜 세 가닥의 중심 줄을 바로 왼쪽의 실 한 가닥과 이어엮기법으로 매듭짓는다.

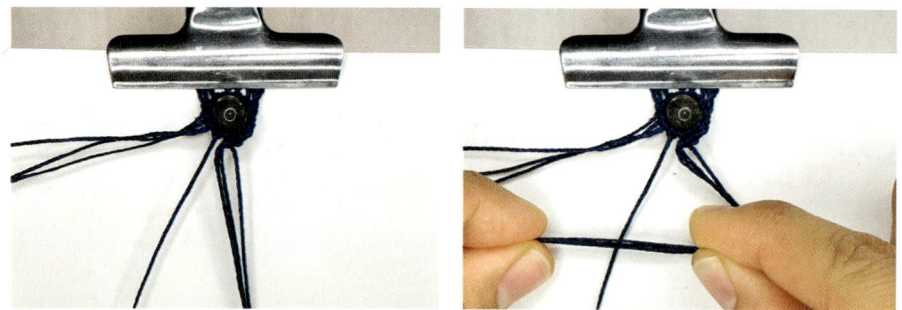

18. 이 과정을 한 번 더 반복해 중심 줄이 총 네 가닥이 될 때까지 중심 줄을 추가해가며 매듭지어 준다.

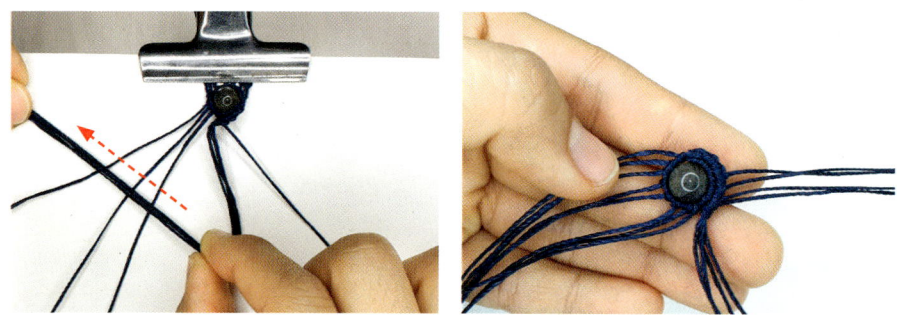

19. 네 가닥의 중심 줄을 남은 실들과 왼쪽에서 오른쪽 방향으로 이어엮기법으로 매듭지어 준다.

20. 반대쪽도 똑같이 매듭지어준다.

21. 한쪽부터 먼저 매듭을 지어보자. 한 쪽을 매듭지은 8가닥의 실 중 오른쪽의 두 가닥을 제외하고 집게로 집어 사진과 같이 매듭을 고정해준다. 이제 여러 가닥으로 뭉쳐 있는 중심 줄들을 하나씩 빼서 엮는 줄로 다시 만들어 줄 것이다.

22. 왼쪽의 네 가닥의 실 중 가장 오른쪽에 있는 실을 하나 골라 중심 줄들 위로 올린 뒤 자연스럽게 생긴 구멍으로 실의 끝부분을 뒤에서 앞으로 나오도록 빼준다. 엮는 줄이 중심 줄들을 한 번 감싸 매듭이 지어진다.

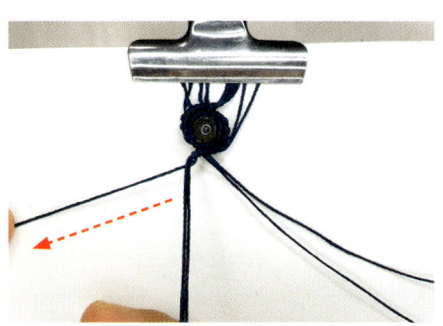

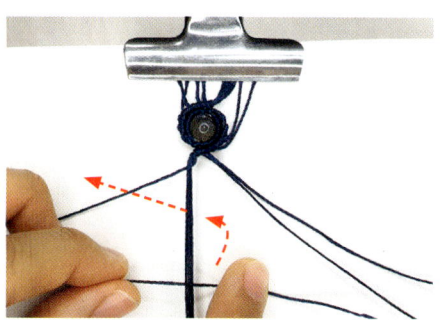

23. 중심 줄과 엮는 줄의 자리를 바꿔준다. 이때 엮는 줄이 중심 줄 아래로 지나가도록 한다.

24. 엮는 줄을 중심 줄 위로 올려 구멍으로 실의 끝부분을 빼준다.

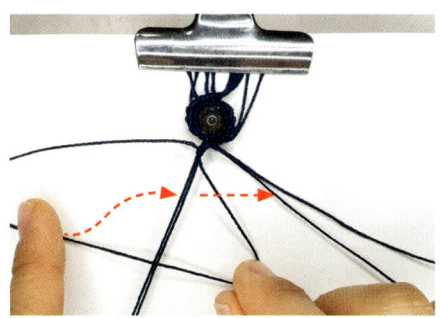

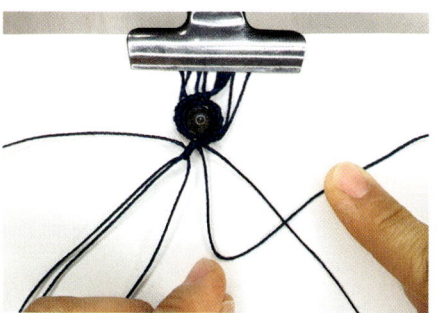

25. 중심 줄이 세 줄 남아있을 때 세 가닥 중 가장 오른쪽 실을 엮는 줄로 하나 골라 중심 줄들 위로 올린 뒤 자연스럽게 생긴 구멍으로 실의 끝부분을 빼준다.

26. 오른쪽 두 가닥의 실 중 왼쪽 실을 중심 줄로 해서 오른쪽 실 위에 올린 뒤 자연스럽게 생긴 구멍으로 실의 끝부분을 빼준다.

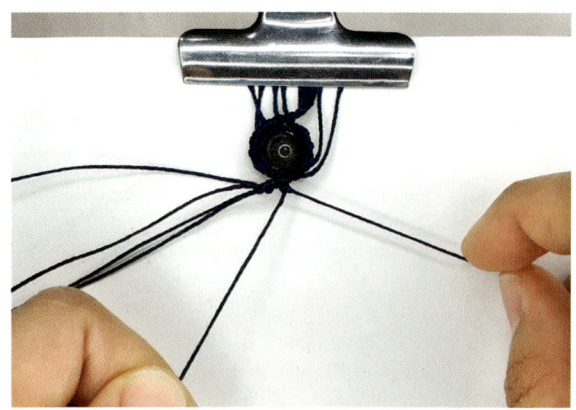

27. 두 가닥의 자리를 바꿔준다. 이때 중심 줄 아래로 엮는 줄이 지나가도록 해서 자리를 바꿔준다.

tip

중심 줄과 엮는 줄 구분하기

높은음자리표 모양을 만들 때는 중심 줄과 엮는 줄의 위치를 바꾸는 경우가 많아 자칫 헷갈리기 쉽다. 이럴 때는 중심 줄이든, 엮는 줄이든 한쪽 줄에 마스킹 테이프 등을 붙여 구분하면 헷갈리지 않는다.

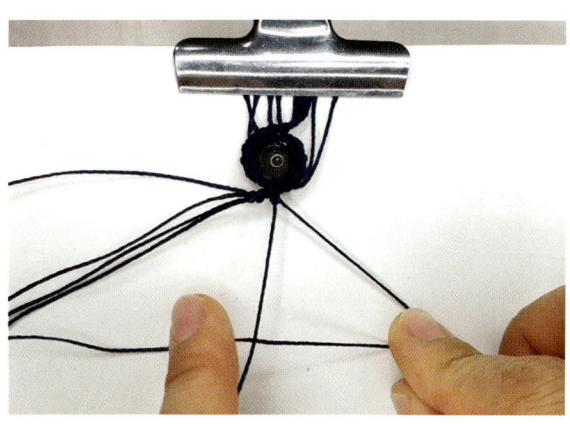

28. 중심 줄을 엮는 줄 위에 올린 뒤 자연스럽게 생긴 구멍으로 실의 끝부분을 빼준다.

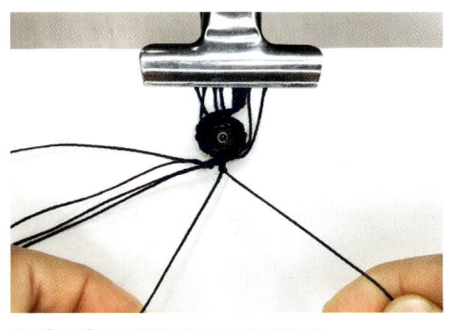

29. ㉖과 ㉗의 과정을 한 번 더 반복해준다.

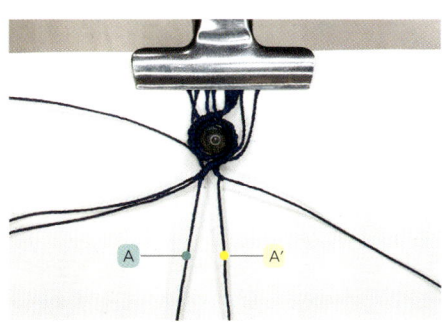
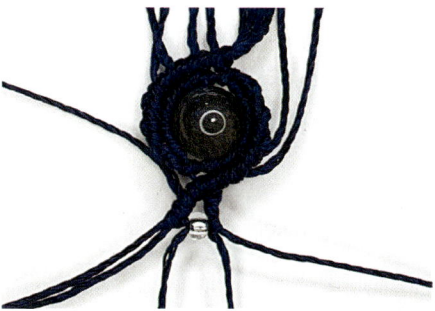

30. 안쪽을 향하고 있는 두 엮는 줄 A와 A'에 교차해서 비즈를 끼워준다.

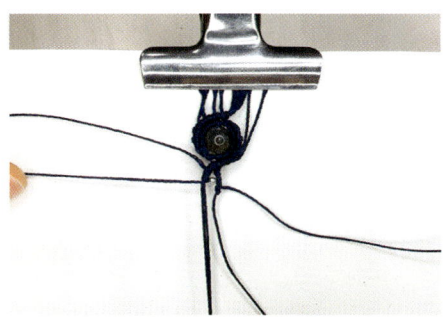
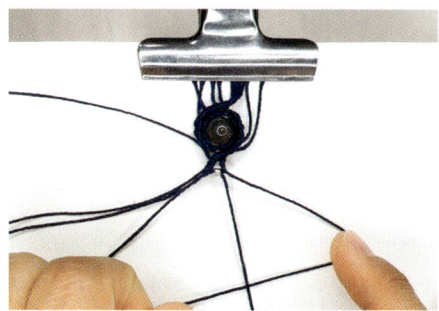

31. 오른쪽 실부터 매듭을 지을 것이므로 헷갈리지 않게 비즈를 통과하고 나온 왼쪽 실은 잠시 옆으로 빼둔다.

32. 오른쪽 실 두 가닥 중 오른쪽 실을 중심 줄로 해서 왼쪽 실 위에 올린 뒤 자연스럽게 생긴 구멍으로 실의 끝부분을 빼준다.

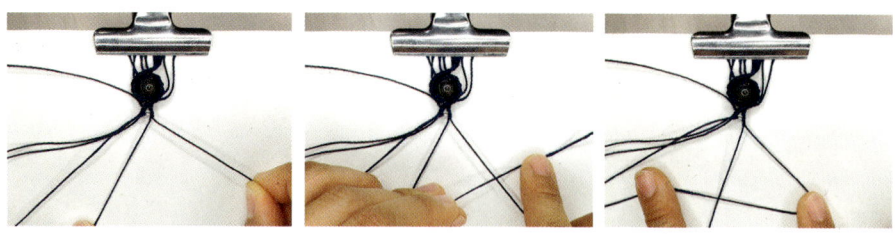

33. ㉖과 ㉗의 과정을 두 번 반복해 매듭을 지어준다.

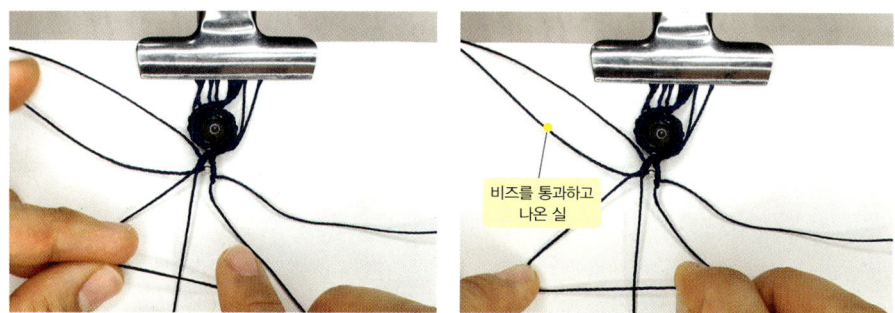

비즈를 통과하고
나온 실

34. 왼쪽의 뭉쳐 있는 중심 줄 중 왼쪽에 있는 실을 다른 한 가닥 위로 올려준 뒤 자연스럽게 생긴 구멍으로 매듭지어준다.
이 과정을 한 번 더 반복해 총 두 번의 매듭을 지어준다.

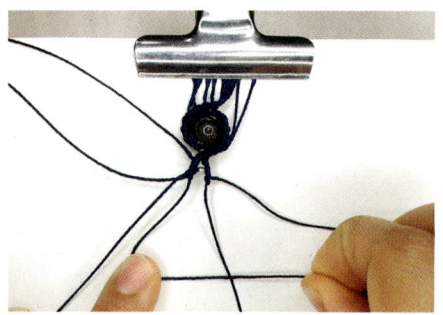

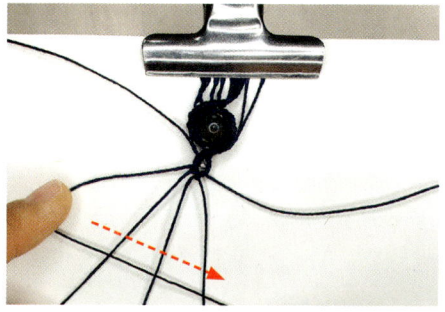

35. 남은 한 가닥의 왼쪽 중심 줄을 중심 줄, 오른쪽에 지었던 매듭의 중심 줄을 엮는 줄로 해서 이어엮기법으로 매듭을 지어준다.

36. 비즈에 끼워놓기만 하고 매듭짓지 않았던 실을 중심 줄로 가져와 매듭을 지어준다. 왼쪽에서 오른쪽 방향으로 순서대로 매듭을 지어준다.

37. 반대쪽도 똑같이
매듭지어 준다.

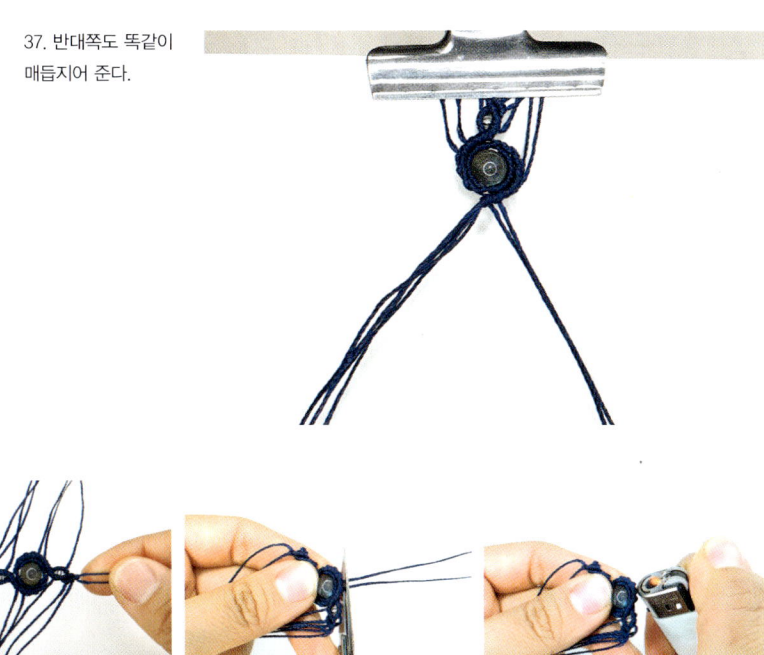

38. 길이 조절 부분 매듭을 만들어주기 전에 필요 없는 실들을 먼저 정리해 준다. 양쪽 끝의 가운데 두 줄을 제외하고 정리
한다.

tip

두 번 녹여 더 깔끔하게 마무리

작품을 다 만들고 마무리를 잘하는 것은 언제나 중요하다. 마무리는 일반적으로 라이터
로 실을 녹이는데, 좀 더 깔끔하게 마무리를 할 수 있는 방법이 있다. 우선 라이터로 실을
녹인 다음 손톱으로 한 번 녹였던 끝부분을 세워준 다음에 다시 녹여주면 딱 밀착해서 실
이 절대 풀리지 않는다.

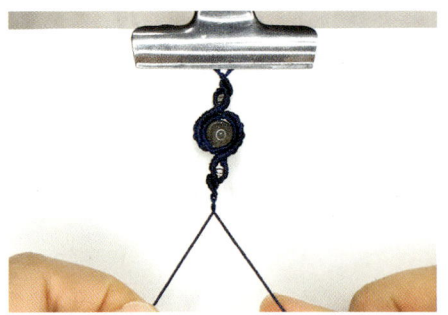

39. 중심 줄 두 가닥을 두 줄 꼬기로 매듭지어 준다.

40. 팔찌의 총 길이가 손을 통과하는 길이가 될 때까지 양쪽에 두 줄을 꼬아준 후 끝부분을 묶어준다.

41. 남은 실을 자르고 녹여 마무리 해준다.

42. 팔찌를 동그란 모양으로 만들어 양쪽 끝이 겹쳐지게 잡는다.

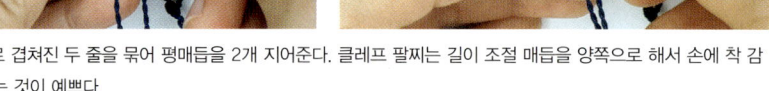

43. 자투리 실로 겹쳐진 두 줄을 묶어 평매듭을 2개 지어준다. 클레프 팔찌는 길이 조절 매듭을 양쪽으로 해서 손에 착 감기도록 착용하는 것이 예쁘다.

44. 남은 실을 자르고 녹여 마감한다.

45. 클레프 팔찌가
완성되었다.

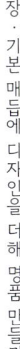

macrame
05

원석과 비즈의 조화가 돋보이는 **아르떼 팔찌**

원석과 비즈는 마이크로 마크라메 액세서리를 만들 때 많이 사용하는 재료이다. 어떤 원석과 비즈를 사용하는가에 따라 액세서리의 완성도와 분위기가 달라진다. 보통 목걸이나 원석으로 포인트를 준 팔찌를 만들 때는 지름 8mm 정도의 크기를 사용하는데, 여기서는 좀 더 작은 6mm의 원석을 이용해 팔찌를 만들어보았다.

비교적 작은 구슬 원석을 이용해 원석의 둘레를 두 번 감싸는 방식으로 매듭을 지은 작품인데, 구슬 원석은 작지만 중앙 부분의 곡선 라인을 이용해 예술성을 높였다. 그래서 이름도 '예술'이라는 의미의 '아르떼 팔찌'로 지었다.

팔찌를 만들었던 똑같은 방식으로 반지를 만드는 것도 가능하다. 팔찌에 사용했던 원석보다 좀 작은 4mm의 원석과 실도 0.5mm 두께의 얇은 실을 이용하면 된다. 똑같이 예쁜 모양의 팔찌와 반지는 그 자체로도 눈길을 끄는 훌륭한 세트 상품이 될 수 있다.

준비물

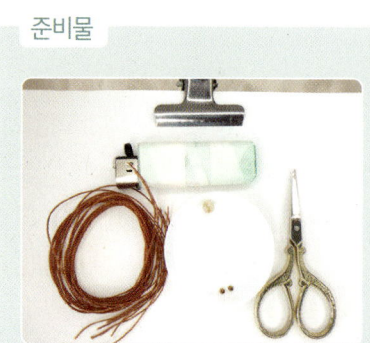

- 고정판, 집게, 라이터, 가위
- 린하시타 남미실 0.7mm 60cm
  *8줄, 6mm 구슬 원석 1알, 유리 비즈 3mm(내경 약 1.4mm)
  2알

1. 네 가닥의 실을 반으로 접어 준비한다.

2. 네 가닥의 실을 중간에서 2cm가량 윗부분을 집게로 집어 고정해준다.

3. 가장 오른쪽 실을 중심 줄로 해서 왼쪽의 세 가닥 엮는 줄을 오른쪽에서 왼쪽 방향으로 순서대로 이어엮기 해준다.

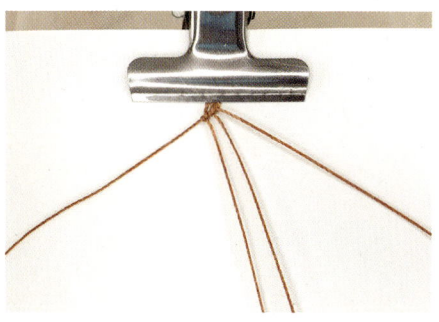

4. 양쪽 끝의 실 두 가닥은 원석의 둘레를 감쌀줄 중심 줄, 가운데 실 두 가닥은 구슬 원석의 구멍을 통과시켜줄 실이다. 원석의 둘레를 감쌀줄 중심 줄에 남겨뒀던 네 가닥의 실 중 두 가닥을 왼쪽과 오른쪽에 각각 한 가닥씩 추가해 줄 것이다.

5. 추가할 실을 반으로 접은 후 실을 추가해 줄 중심줄 아래로 반으로 접은 실을 놓는다. 이때 반으로 접힌 부분이 안쪽 방향을 향하도록 추가해준다.

6. 반으로 접힌 부분을 중심 줄을 기준으로 바깥쪽으로 접어준다.

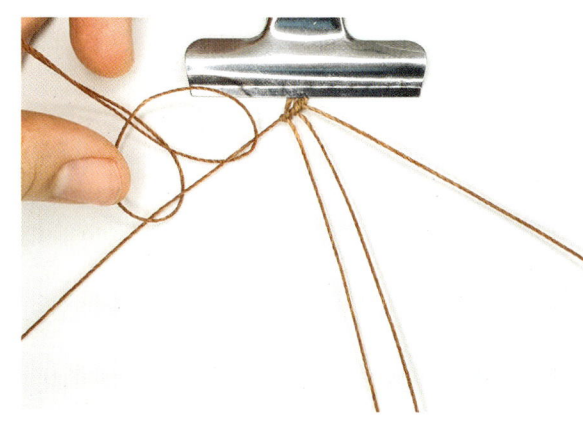

7. 실의 끝부분을 손으로 잡아당겨 구멍으로 빼준다.

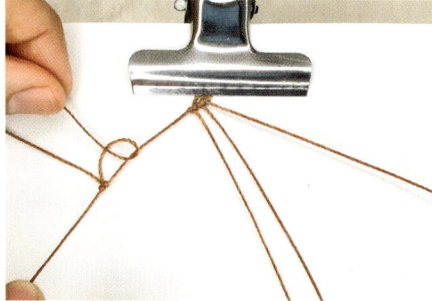

8. 왼쪽 실의 끝을 중심 줄 위에 올린 뒤 자연스럽게 생긴 구멍으로 실을 당겨 매듭지어 준다. 왼쪽 실이 중심 줄을 한 번 감아 매듭이 지어진다.

9. 오른쪽 실도 ⑧번과 같은 방법으로 매듭지어 준다. 추가한 실의 끝이 원석을 두르는 원의 바깥쪽 방향으로 나오도록 해
준다.

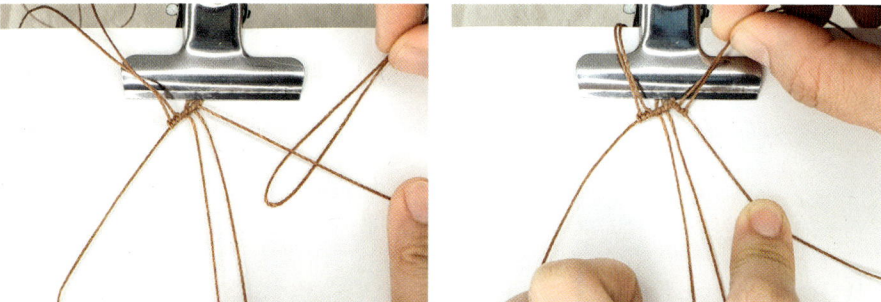

10. ⑤~⑨의 방법으로 양쪽의 중심 줄에 각각 한 가닥의 실을 추가해 준다. 추가한 실은 다른 매듭 옆에 차곡차곡 쌓일 수
있도록 위쪽으로 올려 놓는다.

11. 가운데 안쪽으로 향해있는 두 가닥의 실에 동일한
방향으로 구슬 원석을 통과시켜 끼워준다.

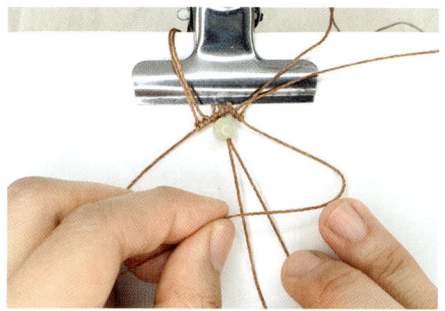

12. 구슬 원석을 통과시킨 두 가닥의 실을 엮는 줄로 해서
오른쪽 중심 줄과 오른쪽에서 왼쪽 방향으로 이어엮기 매듭
으로 엮어준다.

13. 중심 줄끼리
매듭지어 준다.

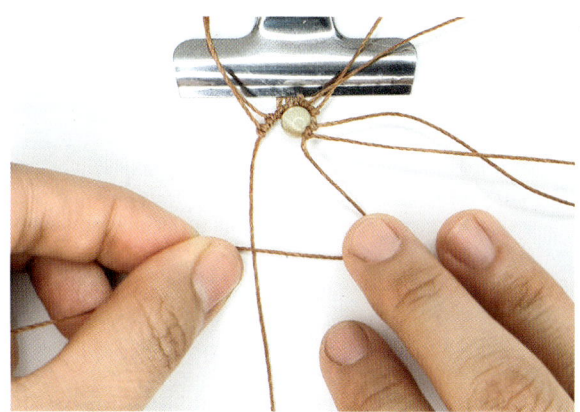

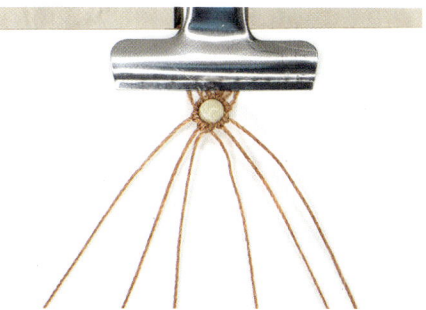

14. 구슬 원석을 둘러싼 실 열두 가닥을 여섯 가닥씩 나눠준다. 중심 줄 두 가닥과 중심 줄 양옆의 두 가닥씩을 포함한 총 여섯 가닥으로 팔찌의 한쪽을 매듭지어줄 것이다. 반대쪽 여섯 가닥은 집게로 집어 고정해준다.

15. 사용하지 않고 남겨둔 두 가닥의 실을 반으로 접어 준 비해준다. 이 실은 원석의 둘레를 따라 한 번 더 매듭지어 줄 중심 줄로 사용할 것이다.

16. 한 가닥을 집게로 집어놓은 구슬 원석 오른쪽에 집게로 집어준다.

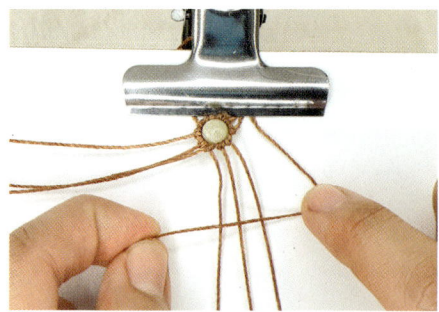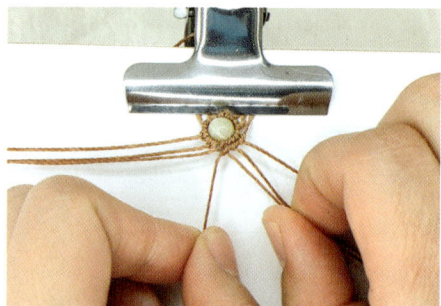

17. 맨 오른쪽 실을 중심 줄로 해서 오른쪽에서 왼쪽 방향으로 세 가닥의 실과 엮어준다.

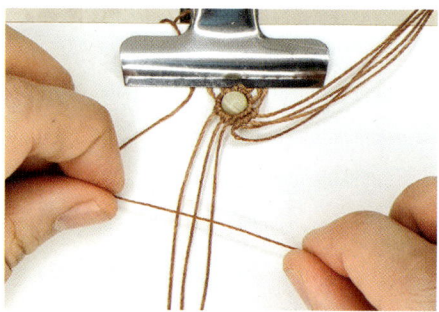

18. 마지막 한 가닥을 집게로 집어놓은 구슬 원석 왼쪽에 집게로 집어준다.

19. 맨 왼쪽 실을 중심 줄로 해서 왼쪽에서 오른쪽 방향으로 세 가닥의 실과 엮어준다.

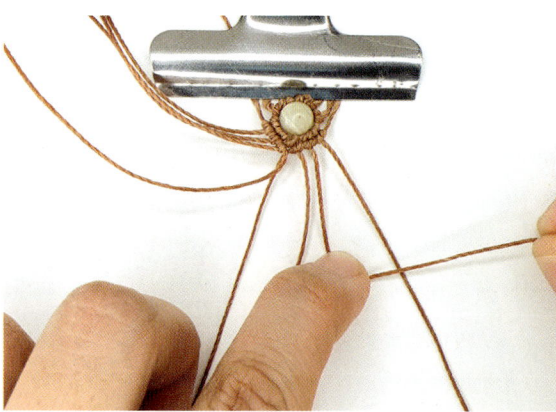

20. 오른쪽 네 가닥을 이용해 8자 매듭을 완성해 동그라미를 하나 만들어 줄 것이다. 먼저 오른쪽에서 두 번째 실을 중심 줄로 해서 안에서 바깥 방향으로 가장 오른쪽 실과 엮어준다. 이렇게 하면 네 가닥으로 만드는 동그라미 중 위의 절반인 'ㅅ'자 모양이 완성된다.

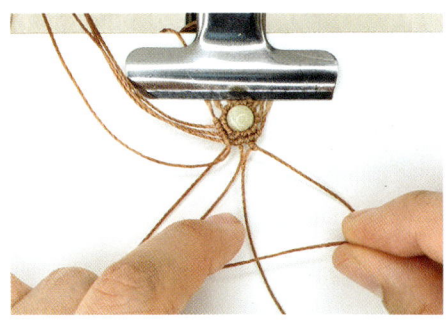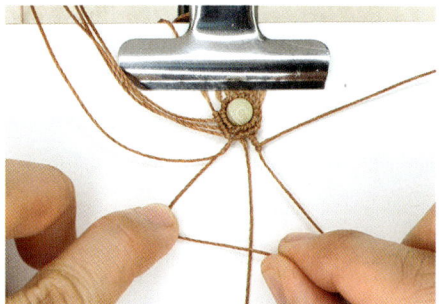

21. 이번에는 오른쪽 네 가닥을 이용해 'V'자 모양으로 매듭지어 동그라미를 완성해 줄 것이다. 네 가닥 중 양 끝의 실을 각각의 중심 줄로 해서 바깥에서 안쪽 방향으로 엮는 줄 한 가닥씩을 엮어준다.

22. 중심 줄 두 가닥 중 바깥쪽인 오른쪽 중심 줄을 왼쪽 중심 줄로 이어엮기 해준다.

23. 이번에는 왼쪽 네 가닥을 이용해 8자 매듭을 완성해 동그라미를 하나 만들어 줄 것이다. 왼쪽에서 두 번째 실을 중심 줄로 해서 안에서 바깥 방향으로 가장 왼쪽 실과 엮어준다.

24. 왼쪽 네 가닥을 이용해 V자 모양으로 매듭지어 동그라미를 완성해 줄 것이다. 네 가닥 중 양 끝의 실을 각각의 중심 줄로 해서 바깥에서 안쪽 방향으로 엮는 줄 한 가닥씩을 엮어준다.

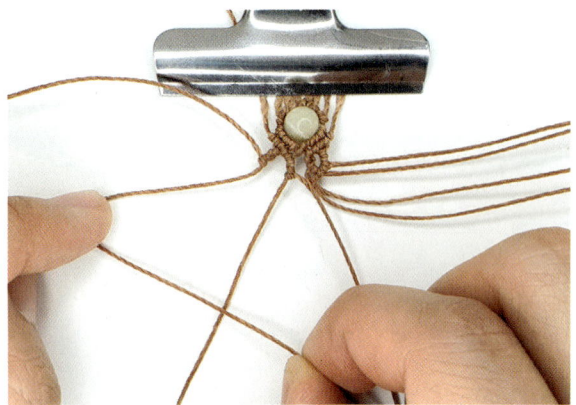

25. 중심 줄 두 가닥 중 바깥쪽인 오른쪽 중심 줄을 왼쪽 중심 줄로 이어엮기 해준다.

26. 가운데 네 가닥으로 비즈가 들어간 8자 매듭을 하나 지어준다.

27. 맨 오른쪽 실을 중심 줄로 해서 바깥에서 안쪽 방향으로 한 가닥의 엮는 줄과 엮어준다.

28. 곧바로 방금 엮어준 중심 줄의 방향을 바꿔 안쪽에서 바깥쪽 방향으로 방금 전 엮는 줄과 엮어준다.

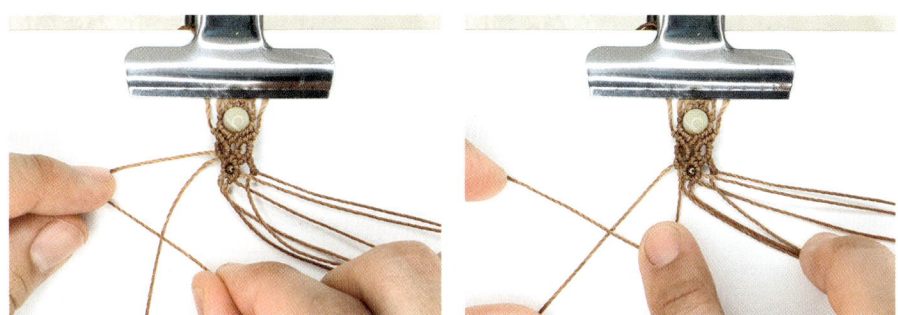

29. 맨 왼쪽 실을 중심 줄, 왼쪽에서 두 번째 실을 엮는 줄로 해서 ㉗~㉘의 과정을 똑같이 해준다(대칭이 되도록 완성한다).

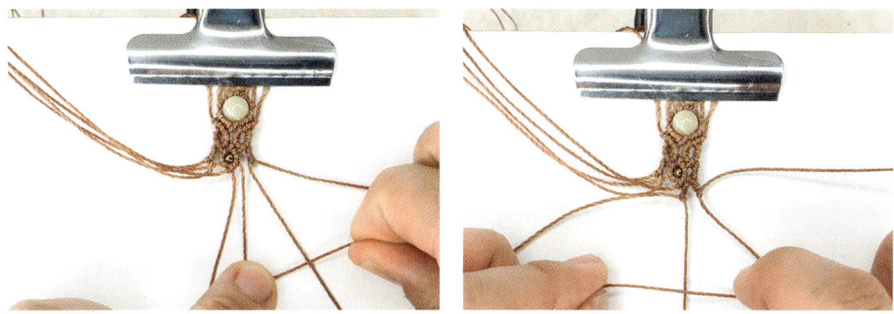

30. 오른쪽 실 네 가닥을 이용해 8자 매듭을 하나 지어준다. 이때 마지막에 중심 줄끼리 엮어 줄 때는 바깥쪽인 오른쪽 실을 안쪽의 왼쪽 중심 줄로 엮어준다.

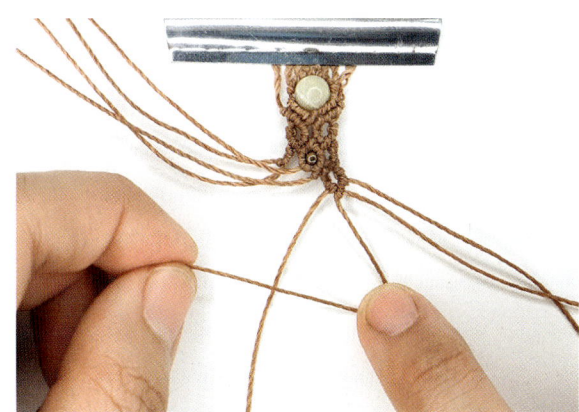

31. 중심 줄을 이어서 네 가닥 중 맨 왼쪽의 실로도 엮어준다.

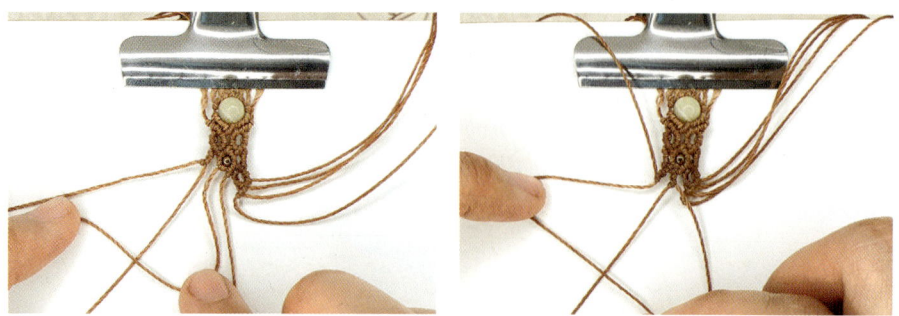

32. 왼쪽 실 네 가닥을 이용해 8자 매듭을 하나 지어준다. 이때 마지막에 중심 줄끼리 엮어 줄 때는 바깥쪽인 왼쪽 실을 안쪽의 오른쪽 중심 줄로 엮어준다.

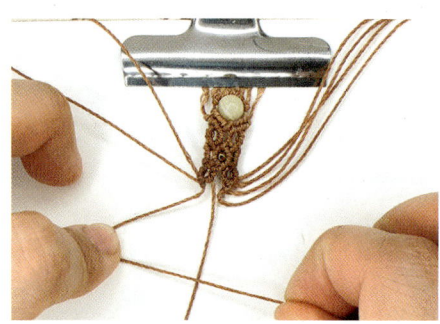

33. 중심 줄을 이어서 네 가닥 중 맨 오른쪽의 실로도 엮어준다.

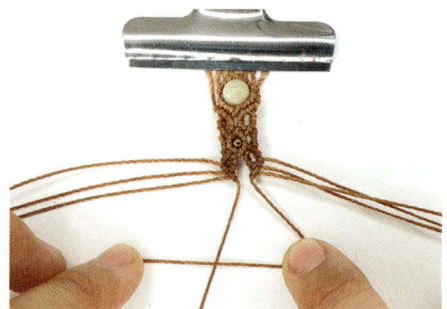

34. 가운데 두 가닥끼리 엮어준다.

35. 양 끝의 한 가닥씩을 제외하고 여섯 가닥을 이용해 V자로 매듭지어 준다(포에버 클래식 팔찌의 둘레 부분 매듭과 동일한 방법으로 매듭짓는다).

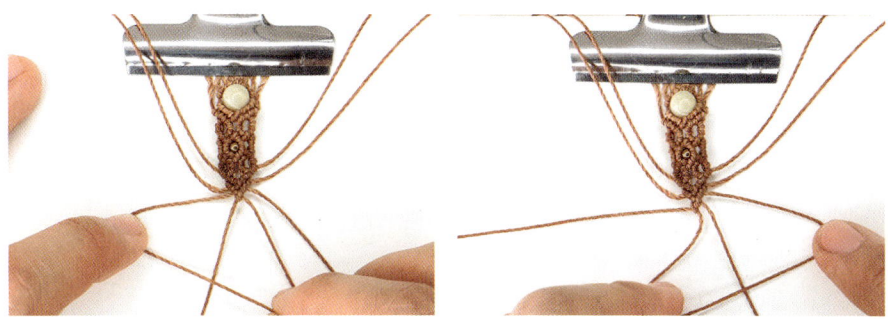

36. 그 다음 네 가닥을 이용해 취향이나 팔목 둘레에 따라 V자 매듭을 2칸 이상 지어준다.

37. 반대쪽도 같은 방식으로 매듭지어 준다.

38. 가운데 네 가닥을 사용해 네 줄 꼬기로 매듭지어 준다.

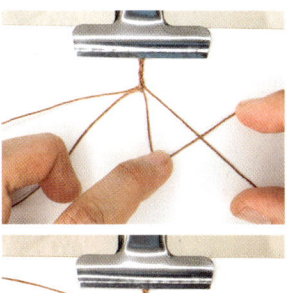

39. 원하는 길이가 될 때까지 매듭을 지은 후 네 가닥으로 8자 매듭을 하나 지어 마무리한다. 반대쪽도 똑같이 매듭짓는다.

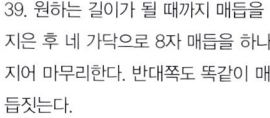

40. 매듭짓고 남은 실을 자르고 녹여 마무리해 준다.

41. 팔찌를 동그란 모양으로 만들어 양쪽 끝이 겹쳐지게 잡는다.

42. 자투리실로 겹쳐진 두 줄을 묶어 평매듭을 지어준다.

43. 남은 실을 자르고 녹여 마감한다.

44. 원석과 비즈의 조화가 돋보이는 아르떼 팔찌가 완성되었다.